ENGEL

ENGEL

·WEISHEIT·HEILUNG·SCHUTZ·

CHRISTINE ASTELL

BILDER ZUR VERFÜGUNG GESTELLT VON DER
BRIDGEMAN ART LIBRARY

nymphenburger

Widmung
Dieses Buch ist allen wunderbaren Wesen menschlicher und göttlicher Natur gewidmet, die mich liebevoll auf meiner Reise begleitet haben. Danke!

Die Originalausgabe erschien 2005 unter dem Titel „Discovering Angels“ bei Duncan Baird Publishers Ltd., London.

Besuchen Sie uns im Internet unter
www.nymphenburger-verlag.de

Produktion: Print Company Verlagsgesellschaft mbH, Wien
Übersetzung: Eva Lepold

Printed in: Singapore by Imago

ISBN: 3-485-01051-0

Seite 2: *Die Krönung der Jungfrau* (Detail) um 1434, von Fra Angelico (um 1387–1455).
Seite 5: Ein Engel, dargestellt auf einem ägyptischen Wandteppich (Detail) aus dem späten 5. Jahrhundert.

INHALT

WARUM ENGEL UND WARUM GERADE JETZT?

Engel gelten als die Überbringer unendlicher Liebe und reinen Mitgefühls. Ihre Gaben können allen, die bereit sind, sie zu empfangen, viel Gutes tun.

Für viele Menschen sind Engel kraftvolle und dauerhafte Symbole der Liebe, des Mitgefühls und der Güte. Für andere sind sie kaum mehr als märchenhafte Wesen. In der heutigen, zunehmend weltlich orientierten Gesellschaft mag die Arbeit mit Engeln nicht unbedingt als nahe liegende Lösung erscheinen, um den Alltagsstress zu mindern oder dem Leben mehr Sinn zu verleihen. Nichtsdestotrotz entdecken immer mehr Menschen die wahre Kraft und Bedeutung dieser Himmelswesen und versuchen, sie in ihr Leben zu integrieren. Dieses Buch beschreibt die Überlieferungen einiger wichtigen Glaubenstraditionen sowie die Funktion der Engel bei spiritueller Heilung und Wachstum.

Es gibt Tausende von Augenzeugenberichten, von der biblischen bis zur heutigen Zeit, die Begegnungen zwischen Engeln und Menschen schildern. Heutzutage gelten diese als Element so genannter Nahtoderfahrung. Jedoch weigern sich in unserer rational und materiell orientierten Welt viele von uns, derartige Geschehnisse ohne physischen Beweis zu akzeptieren. Obwohl dies die Triebkraft für viele wissenschaftiche Entdeckungen darstellt, gibt es einige Dimensionen des Daseins, bei welchen wir nur die Wahl haben, einfach daran zu glauben – oder auch auch nicht. Dies ist die Definition des Glaubens an sich und Glaube kommt ins Spiel, sobald Sie die Entscheidung treffen, mit Engeln arbeiten zu wollen. Nach einer Engelserfahrung ist es unmöglich, Menschen von dem Glauben abzubringen, sie

RECHTS: Ein byzantinisches Mosaik (6. Jh.), das vier Engel mit den Symbolen der Evangelisten zeigt.

seien tatsächlich Engeln begegnet, da diese Erfahrung so wirklichkeitsgetreu und eindrucksvoll ist.

Viele Berichte aus erster Hand haben eines gemeinsam: Die Erfahrung löst in den Empfängern ein tiefes Gefühl göttlicher Gegenwart aus. Dies wird oft als reale und berührende Verbindung mit einer Quelle der Liebe beschrieben, die so intensiv ist, dass sie fast schmerzt. Engelsbegegnungen werden oft als Erfahrung mit dem Jenseits beschrieben. Sie hinterlassen ein überwältigendes Gefühl der spirituellen Liebe und der Erneuerung. Oft erweckt die Erfahrung bei den Suchenden den Wunsch, die weltlichen Aspekte des Lebens zu transzendieren und einen bedeutungsvolleren, spirituellen Weg einzuschlagen.

Engel sind mit der Quelle, dem Schöpfer, Gott – oder wie auch immer Sie die göttliche Kraft nennen wollen – untrennbar verbunden. Sobald ihre Präsenz einmal wahrgenommen wurde, sind sie mit ihren Zeugen verbunden – man kann Beobachter und Beobachteten nicht mehr voneinander trennen. Für jene, die handfeste Beweise benötigen, hinterlassen Engel leider keine Fußabdrücke.

Es stimmt wahrscheinlich, dass Menschen mit offenem

RECHTS: Kirchenfenster (1870) aus William Morris' Fertigung, St. James's Church, Brighouse, West Yorkshire, England, das vor Zerstörung der Kirche entfernt wurde.

Herzen empfänglicher für mystische Erlebnisse oder Engelserfahrungen sind. Nicht jeder wird solch dramatische Engelsvisionen wie jene in den historischen Überlieferungen erleben, doch wir alle können mit einer offenherzigen Einstellung Engel in unser Leben einladen und allmählich die positive Wirkung ihrer Gegenwart und Liebe erfahren.

In den letzten 30 Jahren kam es zu einem bemerkenswerten Wiederaufleben der Beliebtheit von Engeln. Was Skeptiker erstaunen mag, ist, dass dieser Trend über die Zeit hinweg an Popularität nichts eingebüßt, sondern dazugewonnen hat. Das neue Jahrtausend begann mit Engeln, überall waren sie zu sehen. Über Weihnachtskarten hinausgehend, finden wir nun Engel oder Bilder von diesen für fast jeden Anlass: Engel, die uns im Alltag helfen, Engel, die uns bei der Heilung unterstützen, und Engel mit Botschaften für uns. Mittlerweile gibt es eine Unmenge von Engel-Sammelstücken und anderem Brimborium.

Wir sollten die Trivialisierung dieser himmlischen Wesen jedoch vermeiden. Engel sind spirituelle Wesen von immenser Intensität, Weisheit und Hingabe. Sie können große Freude mit sich bringen, tiefe Wunden heilen und unseren Respekt für den Planeten Erde und die Liebe aller Lebewesen fördern. Sie bedeuten jedoch vor allem inneren Frieden, der aus einer neuerlichen Verbindung mit Gott oder der Quelle erwächst. Wir alle besitzen ein riesiges Potenzial an Liebe. Engel können uns dabei helfen, dieses zu erschließen.

„Mir ist vollkommen bewusst, dass viele sagen werden, es sei nicht möglich, mit Geistwesen und Engeln zu sprechen, solange man noch seinen Körper bewohnt, und viele dies alles für reine Imagination halten ... und dass andere wieder neue Einwände bringen werden. Aber all dies kann mich nicht entmutigen, da ich gesehen, gehört und gefühlt habe."

Emanuel Swedenborg (1688–1772)

„Engel können deswegen fliegen, weil sie sich selbst leicht nehmen."

G.K. Chesterton (1874–1936)

Der goldene „Engelsfaden", der sich durch alle großen Religionen – Buddhismus, Christentum, Islam und Judentrum – zieht, ist jener der reinen, bedingungslosen Liebe. Sobald wir akzeptieren, dass Engel wirklich existieren, es sie immer gegeben hat und geben wird, erwächst daraus ein erstaunliches Gefühl der Erleichterung und Unbeschwertheit. Sie brauchen auch keinen bestimmten Glauben anzunehmen, um mit Engeln arbeiten zu können. In einem Zeitalter, in dem die Menschen zunehmend von religiösen Institutionen enttäuscht sind, kann uns die Liebe der Engel – die alle Grenzen von Doktrin und Dogma transzendiert – helfen, unseren eigenen spirituellen Weg zu finden. Sobald wir beginnen, uns mit Engeln zu beschäftigen, merken wir, dass unser Leben an Richtung und Sinn gewinnt. Das Entgegenkommen von Fremden fällt uns auf und wir entdecken tiefer liegende Schichten in uns selbst. Unser Leben wird sich nicht immer sofort dramatisch verändern, doch die Lösung von Alltagsproblemen wird klarer. Wir können uns mit einer tieferen Quelle der Liebe und des inneren Friedens verbinden und unseren Platz im Universum würdigen.

Dieses Buch versucht, die traditionellen und religiösen Vorstellungen von Engeln mit einem zeitgemäßen Begriff, der sich primär von theosophischem und New-Age-Gedankengut ableitet, zu verbinden. Dazu ist es nicht notwendig, an all die Glaubenssysteme, die sich um Engel entwickelt haben, zu glauben – theologische Systeme, die letztlich ein Produkt ihrer Zeit sind und die aus einer viel patriachalischeren und konservativeren Gesellschaft als unserer stammen. Es ist jedoch hilfreich zu wissen, woher der Glaube an Engel kommt und wohin er uns führt. Der zweite Teil des Buchs enthält Meditationen und Übungen, die praktische Hilfe bieten, um in die Energie eines bestimmten Erzengels einzutauchen. Wir können tatsächlich mit diesen majestätischen Vertretern arbeiten – so lange wir dies mit reinem Herzen und guten Absichten tun.

LINKS: ***Christus von Engeln bewacht in der Grabkammer*** **von William Blake (1757–1827).**

DIE ENGELSPOSAUNEN

Engel sind pure Liebe, Freude und Frieden – realer als intensive Gefühle, mächtiger als jegliche physische Kraft. Das Öffnen unserer Herzen, um die Energie der Engel zu empfangen, kann eine transformative Erfahrung sein.

Als ich mich erstmals dafür interessierte, ein Zentrum für Heilung und Kontakt mit Engeln zu gründen, war mein Leben plötzlich erfüllt von ihnen. Sie tauchten in Gesprächen, im Fernsehen und Radio, in Büchern, Zeitschriften und in meinem ganzen Umfeld auf, und zwar so, dass dies kein Zufall mehr sein konnte. Viele würden dies mit dem Begriff des Synchronismus beschreiben – einer Anhäufung von bedeutungsvollen Koinzidenzen. Für mich war es jedoch ein göttlicher Beweis, dass meine Bestimmung klar war. Je mehr ich in meiner Engelssuche aufging, desto stärker wurde mir durch diese Zeichen und mein spirituelles Wohlbefinden bewusst, dass ich meinem Leben zur richtigen Zeit die richtige Wende gegeben hatte. Ich war auf dem Weg zu einem Ort, erfüllt von heilenden Energien, die von der höchsten Autorität – der göttlichen – beglaubigt waren. So wurde ich in die akademische Welt geführt, um die Hintergründe der Präsenz von Engeln in den verschiedenen Kulturen und Glaubenssystemen zu erforschen. Schon in dieser Zeit akademischen Strebens war es mir wichtig, hervorzuheben, dass Engel eine direkte und universelle Energie für Heilung, Erleuchtung, Schutz, Freude, Frieden, Weisheit und Liebe ausstrahlen. Derart mächtige Energien bedürfen keiner Vermittlung durch eine Tradition mit all ihren Überlieferungen: Sie können direkt im Herzen empfangen werden, wie ein göttlicher elektrischer Schlag. Ich empfing einen herrlichen transformierenden Schlag. Jedem ist es möglich: Es bedarf nur eines offenen Herzens.

RECHTS: ***Ein Engel, der am Flageolett spielt*** **von Sir Edward Burne-Jones (1833–1898).**

SYMBOL UND REALITÄT

Das Bild des geflügelten Engels überträgt die Intensität der Engelserfahrung in eine Sprache des Auges und des Geistes, die zwar berührend und überzeugend, jedoch nur ein schwaches Echo der Wahrheit des Herzens ist.

Bestimmte Symbole haben für jene von uns, die an die Wahrhaftigkeit des Geistes glauben, große Bedeutung. Ein Beispiel dafür ist der Weihnachtsstern über Betlehem, ein anderes der Bodhi-Baum, unter dem Buddha seine erste Predigt hielt.

Solche Symbole, die eine mächtige Faszination ausüben, scheinen gleichermaßen der Psychologie wie auch dem Reich des Glaubens anzugehören. Sie mögen uns wie die Archetypen vorkommen, die von dem Schweizer Psychologen C.G. Jung identifiziert wurden: Bilder, die ein so starkes Echo in unserem Unterbewusstsein hervorrufen, dass sie in unseren Träumen an die Oberfläche gelangen.

Ein Skeptiker könnte Engel ebenso als Symbole einstufen, als Visualisierung der Heilung und Reinheit, nach der wir uns sehnen. Doch wenn wir Engel auf diese Weise als Symbole betrachten, bauen wir eine Barriere zwischen uns selbst und der realen

LINKS: Ein Detail der *Madonna di Ognissanti* (um 1310) von Giotto (um 1266–1337).

„Ein Engel kann das Denken und den Geist des Menschen erhellen, indem er seine Vorstellungskraft stärkt und eine Einsicht, die der Engel selbst gerade kontempliert, in seine Reichweite bringt."

Thomas von Aquin (um 1225–1274)

LINKS: **Detail eines Altars der Jungfrau von Aballa Conca, Pere Serra (wirkte 1357–1405).**

NÄCHSTE SEITE: ***Die Nacht mit ihrem Sternenzug*** **(1919) von Edward Robert Jones (1851–1914).**

Möglichkeit, die sich uns bietet, auf – die liebende Berührung des Göttlichen zu spüren und davon zu profitieren. Nur durch die Akzeptanz, dass Engel eine reale und nicht nur symbolische Präsenz haben, können wir in unserem Leben Zugang zu ihren Energien erhalten.

Allen, denen dieser Glaubenssprung schwer fällt, mag das traditionelle, in unserer Gesellschaft übliche Bild des Engels als geflügeltes Wesen mehr Schwierigkeiten bereiten als helfen – und nicht zuletzt durch so offensichtlich theatralische (wenn auch löbliche) Manifestationen wie im weihnachtlichen Krippenspiel. Kunst als visuelles Medium arbeitet unweigerlich mit Symbolen und Oberflächen. Ein Blick dahinter lässt Sie sicherlich ein bisschen von der Intensität einer wirklichen Engelserfahrung erkennen. Lesen Sie die Heiligen Schriften und betrachten Sie Engelsgemälde mit Andacht und Staunen – mit dem Wissen, dass die Wirklichkeit unendlich viel größer ist.

ENGEL HABEN VIELE GESTALTEN

Im Laufe der menschlichen Geschichte sind Engel in vielen Gestalten aufgetreten. Sie erscheinen in den verschiedenen Kulturen und Religionen, sei es in der christlichen Heiligen Schrift, den mystischen Aufzeichnungen der jüdischen Kabbalah, dem alten Glauben des Zarathustra oder den Glaubenssätzen des Islam.

LINKS: ***Engelskonzert*** **(Detail) von Gaudenzio Ferrari (1474–1546), Grabstätte der Santa Maria delle Grazie, Saronno, Italien.**

ENGEL IN DEN HEILIGEN SCHRIFTEN

Engel spielen in den Heiligen Schriften der drei großen monotheistischen Religionen – Judentum, Christentum und Islam – eine wichtige Rolle. Auch in anderen Glaubenstraditionen finden sich ähnliche Geschöpfe. Sie werden als Schar spiritueller Wesen geschildert, die im Himmel in der Nähe Gottes weilen, der sie als Vermittler zwischen der göttlichen und der menschlichen Sphäre schuf.

LINKS: *Christi Himmelfahrt* (Detail) von Pietro Perugino (um 1445–1523): Eine Schar von Engeln und Cherubim geleitet Christus auf seiner Fahrt in den Himmel.

WAS SIND ENGEL?

Engel wurden als göttliche Boten, spirituelle Begleiter oder Schutzwesen definiert. Oft wurden sie als geflügelte Wesen beschrieben und erschienen im Lauf der Zeitalter in unterschiedlichen Formen und erfüllten eine Reihe von Aufgaben für ihren Schöpfer.

Das Wort „Engel“ kommt vom griechischen *angelos*, „Bote“, das wiederum eine Interpretation des hebräischen Wortes *Malach* ist. Doch obwohl himmlische Wesen in den jüdischen und christlichen Schriften oft als Gottes Boten für die Menschheit dienten, ist dies keineswegs ihre einzige Funktion. In der jüdisch-christlichen Tradition bezieht sich der Begriff „Engel“ auf ein weites Spektrum mächtiger Wesen, die als Gottes Vertreter und Begleiter fungieren. In der Zeit vor Christus sahen die jüdischen Gelehrten Gott als gänzlich transzendentes, unsichtbares und unfassbares Wesen, das in den entlegensten Sphären des Himmels weilte. Nur außergewöhnliche Menschen, wie der

„Und ich sah unzählige Engel – hunderttausend Mal hunderttausend, zehn Millionen Mal zehn Millionen –, die das Haus Gottes umgaben. Michael, Raphael, Gabriel, Phanuel und zahlreiche andere heilige Engel, die oben im Himmel leben und in diesem Haus ein und aus gehen.“

Erstes Buch Henoch, 71,8

Prophet Henoch, der in den Himmel erhoben wurde, konnten in direkten Kontakt zu Gott treten. Ansonsten kommunizierte Gott mit den Menschen nur über Mittler – primär über Engel. Man stellte sich vor, das Universum sei voll unendlich vieler Engelswesen, die sogar natürliche Phänomene wie die Sterne und das Wetter beherrschten und alle unter Gottes Regiment standen. Später teilte man die vielen Engelstypen in Hierarchien ein, an deren Spitze die Seraphim und Cherubim und an deren Ende die „normalen" Botenengel standen. Auch in anderen Kulturen, vom alten Ägypten bis zum Islam, finden sich Himmelswesen, die viele Funktionen der Engel erfüllen. Sie dienten wie diese als Mittler zwischen dem Göttlichen und den Menschen.

UNTEN: **Detail aus *Mariä Verkündigung* von Leonardo da Vinci (1452–1519), das den Erzengel Gabriel, im Renaissance-Stil gekleidet, zeigt.**

HABEN ENGEL EINEN KÖRPER?

Unsere Vorstellung, wie Engel aussehen, kommt von einer Reihe visionärer Berichte. Diese beschreiben Engel in vielen Varianten, von menschenähnlichen Gestalten bis hin zu ätherischen Erscheinungen ohne physische Substanz.

In der Bibel erscheinen Engel manchmal in menschlicher Gestalt, z. B. die drei Engel, die Abraham besuchen und zunächst als normale Reisende erscheinen (Genesis 18). Später bleiben zwei der Engel in Sodom, wo man sie ebenfalls für menschliche Besucher hält (Genesis 19). Auch Jakob kämpft mit einem äußerst physischen Engel (Genesis 32). Zeitweilig können Engel eine grundsätzlich menschliche Gestalt annehmen, jedoch mit ungewöhnlichen Zügen, wie das Wesen in Daniel 10,6, das Arme und Beine aus hellem, glattem Metall, einen Leib aus Edelsteinen, ein blitzendes Antlitz und Augen wie brennende Fackeln besitzt. Der Prophet Ezechiel beschreibt vier Himmelswesen – er nennt sie später Cherubim –, die teils von menschlicher, teils von tierischer Gestalt sind: „Sie waren anzusehen wie Menschen. Und jede [Gestalt] von ihnen hatte vier Angesichter und vier Flügel. Und ihre Beine standen gerade, und ihre Füße waren wie Stierfüße und glänzten wie blinkendes, glattes Kupfer. Und sie hatten Menschenhände unter ihren Flügeln an ihren vier Seiten.“ (Ezechiel 1,5–8). Der Prophet erzählt ebenso, dass sie das Antlitz eines Men-

schen, eines Stiers, eines Adlers und eines Löwen hatten. Die gleichen vier Wesen erscheinen in leicht veränderter Form in der Apokalypse (4,6–8).

Für gewöhnlich gibt die Bibel jedoch wenig Auskunft darüber, wie Engel aussehen. Es gab daher lange Zeit Debatten darüber, ob Engel überhaupt eine körperliche Gestalt hätten. Teils hieß es, Engel ähnelten dem Menschen, meist stellte man sie sich allerdings als Mischwesen (Hybriden) oder abstrakt und gestaltlos, etwa als Emanationen reinen Lichtes, vor.

In seinem Brief an die Hebräer sagt Paul über Gott: „Er macht seine Engel zu Winden und seine Diener zu Feuerflammen." (Hebräer 1,7). Letztlich einigten sich sowohl Juden als auch Christen darauf, dass „Engel verschiedene Gestalten auf Geheiß Gottes, ihres Herrn, annehmen", so Johannes von Damaskus (675–749).

Die Vorstellung, Engel hätten Flügel, geht auf die Beschreibungen von Ezechiel und weitere Passagen der Heiligen Schrift zurück. Auf den ersten Engelsabbildungen besaßen diese nur kurze oder keine Flügel. Erst nach relativ langer Zeit – ab dem 4. Jahrhundert n. Chr. – wurden die Flügel zu einem fixen Bestandteil der Engelsdarstellung in der christlichen Kunst. Das Judentum verbietet „jegliches Abbild von dem, was oben im Himmel ist" (Exodus 20). In den berühmten Szenen, wie Mariä Verkündigung, werden Engel meist mit Flügeln gezeigt, obwohl die Evangelien diese nicht erwähnen.

OBEN und LINKS: Deckenfresken von Giotto (um 1266–1337), Scrovegni-Kapelle, Padua, Italien, die zahlreiche Engel zeigen, die den Leidensweg Christi beklagen.

Frühe Künstler ließen sich von Abbildungen griechischer und römischer Götter – besonders von Eros bzw. Cupid, dem geflügelten Gott der Liebe – in ihrer Engelsdarstellung inspirieren. Doch erst einige Jahrhunderte später erwarben Engel die prachtvollen Schwanenflügel, die wir aus der mittelalterlichen und Renaissance-Kunst kennen.

ENGEL IM ALTERTUM

Die westliche Vorstellung von Engeln hat ihren Ursprung in der jüdisch-christlichen Tradition. Doch auch in den früheren Zivilisationen sind im Umkreis der biblischen Länder Götterboten und Gesandte zu finden.

Die ersten in der Bibel erwähnten Engel sind die Cherubim, die Gott im Osten von Eden positionierte, um Adam und Eva die Rückkehr nach ihrer Vertreibung aus dem Paradies zu verweigern (Genesis 3,24). Das Wort Cherubim kommt vermutlich vom assyrischen *Karibu*, einem Namen für einen wilden geflügelten Geist oder Gott. Mit dem Leib eines Stiers oder anderen Tiers und einem menschlichen Antlitz hütete der *Karibu* nicht nur Tempel, sondern auch Häuser. „Engel" in der Gestalt von menschenähnlichen Wesen mit vier Flügeln tauchen auch in der assyrischen Religion als Schutzgeister auf, zum Beispiel auf Reliefs des Palasts von König Sargon II. (721–705 v. Chr.).

Engelsgleiche Wesen lassen sich jedoch noch viel weiter, bis ins sumerische Reich vor 5.000 Jahren, das möglicherweise die erste Hochkultur der Welt darstellte, zurückverfolgen. Sumerische Glaubensvorstellungen mögen auch hinter den „Gottessöhnen" stehen, die zur Erde herabstiegen, um sich mit den Frauen der Menschen zu vereinigen (Genesis 6). Diese wurden später von den Gelehrten als Engel gedeutet und ihre riesigen Nachkommen, die Nephilim, als gefallene Engel oder Dämonen, die die Quelle des Bösen auf der Welt bildeten. Im sumerischen Glauben nannte man die himmlischen Boten *Igigi* (Himmelsgeister). Sie werden manchmal auch „Söhne" oder „Gesandte" der Götter genannt. Die gütigen *Igigi* finden ihren Gegenpart in den bösartigen *Anunaki*, die wie die gefallenen Engel unter der Erde leben.

Die Babylonier, die Mesopotamien nach den Sumerern von 1850 bis 900 v. Chr. regierten, fanden

RECHTS: **Detail eines assyrischen Steinfrieses aus dem 8. Jh. v. Chr., welches einen Schutzgeist mit vier Flügeln zeigt.**

ihr Equivalent der *Igigi* in den *Sukalli*, die vom Himmel gesandt wurden, um den Willen der Götter zu verkünden und deren Befehle auszuführen.

In den Mythen der Kanaaniter, die etwa vor dreieinhalb Jahrtausenden aufgeschrieben wurden, kommunizierten mächtige Gottheiten, wie El und Baal, mittels himmlischer Boten. Die Kanaaniter nannten diese *Mlkm.* Dieses Wort bildet das Äquivalent zum hebräischen *Malachim*, das ins Griechische als *angelos* (Bote) übertragen wurde. Auch die *Mlkm* erledigten, den Engeln gleich, Botengänge zwischen Göttern und Menschen. Der Name von El, dem höchsten Gott der Kanaaniter, gleicht dem Suffix *-el* (von Gott), mit dem der Name Gabriel und die der anderen Erzengel enden.

Geflügelte Gottheiten lassen sich auch im Alten Ägypten finden – in der ägyptischen Symbolik stehen Flügel für himmlischen Schutz. Der Gott Horus wurde oft als geflügelte Scheibe dargestellt, ein Schutzsymbol, das Tempeldecken, Tore und private Denkmäler quer durch Ägypten zierte. Auch Horus' Mutter, die Göttin Isis, wurde oft mit schützenden Flügeln abgebildet. Man findet sie auf Grabmälern und Särgen, wo sie ihre Flügel über den Körper des Toten legt. Oft wird sie auch mit ihrer geflügelten Schwester Nephthys hinter dem Thron eines Königs dargestellt. Es mag signifikant sein oder auch nicht, dass Isis „Thron" bedeutet – neben Seraphim und Cherubim gehören jedenfalls die Throne zur höchsten Engelshierarchie (siehe S. 78–85). Die Ägypter glaubten auch, die Toten könnten das Reich der Lebenden als *Ba* („Seele"), das heißt als Wesen mit dem Antlitz des Verstorbenen auf einem Vogelkörper, besuchen. Mit den richtigen Gebeten und Ritualen konnte sich der geflügelte *Ba* in einen *Akh (*wirksamen Geist), eine Art Schutzengel mit halbgöttlichen Kräften, verwandeln und in die menschliche Welt eingreifen, um die Lebenden vor Schaden zu bewahren.

Christliche Engelsbilder sind jedoch stärker von der dominanten klassischen Kultur frühchristlicher Zeiten geprägt. Die ersten Künstler griffen bei ihrer Darstellung von Engeln auf gängige Abbildungen griechischer und römischer Götter zurück. Die

Griechen und Römer sprachen ihren Göttern und Halbgöttern häufig Flügel zu.

In der griechischen Mythologie war Hermes, der Sohn des Göttervaters Zeus, der Götterbote, der die Worte der Götter den Menschen vermittelte. Er bewegte sich leichtfüßig auf seinen Flügelsandalen und trug dabei einen – oft auch geflügelten – Botenhut und einen Heroldsstab. Er und Aphrodite waren die Eltern von Eros, dem Gott der Liebe, der als schöner, geflügelter Jüngling dargestellt wurde. In der römischen Mythologie hieß er Amor (Liebe) oder Cupid und wurde von den römischen Künstlern als geflügelter Knabe dargestellt – ein Bild, das in der christlichen Kunst zu den kindlichen Putten führte.

Die Römer glaubten außerdem, jeder besäße einen gütigen persönlichen Schutzgeist, der bei Männern *Genius* und bei Frauen *Juno* hieß und diese vom ersten Atemzug bis zum Tod begleitete.

OBEN: Diese griechische Vase (Detail links) aus dem 8. Jh. v. Chr. zeigt Hermes mit seinem Heroldsstab, dem so genannten *Caduceus*.

DIE HINDUISTISCHEN DEVAS

Himmelswesen, die viele Funktionen von Engeln erfüllen, sind keineswegs auf den früheren Nahen Osten beschränkt. Sie finden sich auch in Religionen, die im letzten Jahrtausend vor Christus in Indien entstanden.

Der Hinduismus besitzt eine Schar von Himmelswesen, die in vieler Hinsicht Engeln stark ähneln. Neben den *Mahadevas* und *Mahadevis* – den großen Göttern wie Shiva, Vishnu und Durga – gibt es unzählige kleinere Gottheiten oder *Devas*. Die *Devas* erscheinen das erste Mal in den Veden, den ältesten indischen Schriften, wo sie mit der natürlichen Welt und den Elementen, wie Wetter und Feuer, verbunden wurden. Sie lebten Seite an Seite mit den *Asuras*, ähnlichen Wesen, die mit moralischen Konzepten wie Freundschaft und Ehe in Beziehung gesetzt wurden. Die *Devas* und *Asuras* wurden jedoch zunehmend als Rivalen betrachtet und im späteren Hinduismus galten sie bereits als Feinde: *Devas* schützten die Welt vor dem Übel und Unglück der *Asuras* – ähnlich wie die Engelsheerscharen wachsam und aktiv vor den gefallenen Engeln oder Dämonen schützen sollen.

Deva heißt „Leuchtwesen" und wie der Name besagt, werden *Devas* nicht als physische Wesen, sondern als Lichtkörper oder „feinstoffliche Energie" betrachtet. Wie Engel können sie jedoch menschliche Gestalt annehmen, wenn sie vom Devaloka, dem Reich der Götter, ins materielle Reich der Menschen hinabsteigen. In der indischen Kunst werden sie oft mit äußerst menschlichen Zügen dargestellt.

Gleich Engeln greifen *Devas* in das menschliche Geschehen ein und bringen göttlichen Segen und Unterstützung für jene, die in Not sind. Ein unbekannter moderner hinduistischer Verfasser schrieb: „*Devas* können viele wundersame Leistungen vollbringen, sind von Liebe durchdrungen und existieren nur, um Gott und anderen Seelen zu dienen." Es gibt verschiedene Arten hinduistischer *Devas*: Einige wachen z. B. über die Opfergaben; andere vertreiben Schmerz und dann gibt es 33 *Devas,* die besonders mächtige Helfer der Menschheit sind und ihr eigenes Reich im Devaloka besitzen, dem Himmel der Dreiunddreißig.

Als der Buddhismus in Indien Fuß fasste, integrierte er den alten Glauben an *Devas* in seine Vorstellungen von *Karma* und Wiedergeburt. Jene, die auf der Erde ein sündenfreies Leben führten, konnten hoffen, als *Deva* wiedergeboren zu werden. Sie sind dann zwar noch im Kreislauf der Reinkarnation gefangen, steigen allerdings durch ihre guten Taten in früheren Leben im Himmelspantheon weiter auf. Der Buddha selbst wurde in seinem vorletzten Leben als *Deva* wiedergeboren, bevor er letzlich als Siddhartha reinkarnierte. *Devas* gelten folglich als real, haben übermenschliche Kräfte, unterstehen jedoch dem Buddha. Buddhistische *Devas* mischen sich im Gegensatz zu den *Bodhisattvas*, erleuchteten Wesen, die Buddhas werden wollen, für gewöhnlich nicht in das menschliche Geschehen ein. Sie wollen allen Lebewesen helfen und werden manchmal als „buddhistische Engel" bezeichnet.

RECHTS UND LINKS: Indische *Devas* nehmen diverse farbenfrohe Gestalten an, wie diese Bilder aus dem 19. Jh. zeigen. Agni (links), eine Feuergottheit, dient als Bote für die Götter.

PERSISCHE ENGEL

Die engelsgleichen Wesen des Zoroastrismus bilden eine faszinierende Brücke zwischen den Devas der Hindus und den Engeln der jüdisch-christlichen Tradition.

In der alten Religion des Zarathustra, dem Stifter des Zoroastrismus in Persien, gibt es sieben mächtige Engelswesen, die *Amesha Spenta* (die unsterblichen Heiligen), die in der Apokalypse mit den Erzengeln – den „sieben, die vor Gott stehen" – verglichen wurden. Jeder der *Amesha Spenta* stellt einen Aspekt des Gottes Ahura Mazda, des weisen Herrn, dar und wird als mächtiger Vertreter Gottes sowie als moralisches und religiöses Prinzip, das von den Anhängern befolgt werden sollte, verstanden. Sie heißen Khshathra Vairya (wünschenswerte Herrschaft, Reich Gottes), Haurvatat (Vollkommenheit, Gesundheit), Spenta Armaiti (Ergebenheit), Ameretat (Unsterblichkeit), Vohu Manah (gute Gesinnung), Spenta Mainyu (gütiger Geist, Weiser Herr) und Asha Vahishta (Recht, Gesetz und Ordnung). In seinen Schriften, die Zarathustra (um 628–551 v. Chr.) angeblich von einem Engel, der neunmal so groß wie ein Mensch war, überbracht wurden, spricht er die *Amesha Spenta* häufig direkt im Gebet an und bittet um deren Hilfe.

Unter den *Amesha Spenta* stehen die *Yazatas* (die Verehrungswürdigen), Engelswesen, die sowohl männliche als auch weibliche Gestalt annehmen können. Es heißt, es gebe mindestens 40 von ihnen und sie seien in zwei Gruppen unterteilt. Jene, die für die spirituellen und moralischen Dimensionen (Weisheit, Barmherzigkeit etc.) zuständig sind, nennt man „Himmlische Verehrungswürdige", und jene, die sich um materielle und auch auch natürliche Phänomene wie Luft, Erde, Wind und Feuer kümmern, werden im Allgemeinen „Materiell Verehrungswürdige" genannt.

Eine dritte Engelsgruppe bilden bei Zarathustra die *Fravashi* (Schutzgeister). Es heißt, jeder Mensch würde sein Leben lang von einem *Fravashi*, der als persönlicher Helfer, Wächter, Heiler, Führer und Gewissen fungiert, begleitet. Laut Zarathustra ist ein *Fravashi* „stark und wachsam, ein gut gerüsteter Krieger".

Jeder der *Amesha Spenta* hatte seinen eigenen bösen Gegenspieler. In den Lehren des Zarathustra gibt es viele Dämonen, die von Angra Mainyu oder Ahriman, dem Herrn der Finsternis, angeführt wurden. Der persische Einfluss auf jüdische (und in der Folge christliche) Engelskonzepte geht auf die Zeit der persischen Vorherrschaft im Nahen Osten vom 6. bis zum 4. Jahrhundert v. Chr. zurück.

Es gibt außerdem eine Verbindung zwischen *Devas* und *Asuras*, den „Engeln" und Dämonen des alten Indien, und dem Zarathustra-Glauben. Die Rollen sind jedoch vertauscht: Im Mazdaismus Zarathustras sind die *Ahuras* die gesegneten Wesen oder Engel und die *Devas* ihre dämonischen Gegner.

LINKS: **Ähnlich Bildern von Christi Himmelfahrt zeigt dieses persische Gemälde (16. Jh.) die Himmelfahrt Mohammeds, umgeben von Engeln.**

JÜDISCH-CHRISTLICHE ENGEL

Engel werden fast dreihundert Mal direkt oder indirekt im Alten und Neuen Testament erwähnt. Sie werden als ganzer Hofstaat von Himmelswesen, der irgendwo zwischen Gott und den Menschen angesiedelt ist, dargestellt.

Engel wurden wie die Menschheit erschaffen (Psalm 148,5; Kolosser 1,16), obwohl das Buch Genesis nichts über deren Schöpfung sagt. Diese und andere „Lücken" in der Bibel wurden von Schreibern der Pseudepigraphen gefüllt – Schriften, die um 350 v. Chr. bis 300 n. Chr. entstanden und weder von Juden noch Christen als Teil der Heiligen Schrift anerkannt wurden. So erklärt das Buch der Jubiläen (2. Jh. v. Chr.), dass Engel am ersten Tag gleich nach der Schöpfung des Himmels, der Erde und des Wassers erschaffen wurden. Diese Sichtweise wurde später im Mittelalter offiziell von der christlichen Kirche akzeptiert.

Engel erscheinen in der Bibel meist als Botschafter Gottes, die der Menschheit seinen Willen verkünden. In der Genesis wird Hagar von einem Engel in der Wildnis gefunden, Engel verkünden Abraham, dass seine bereits ältere Frau Sarah einen Sohn gebären wird, und Engel raten Lot, aus Sodom zu fliehen, bevor Gott die Stadt zerstört (Genesis 16–19). Im Alten Testament verkündet ein Engel Gideon, dass er sein Volk retten wird, prophezeit die Geburt von Samson und erscheint dem Propheten Daniel. Im Neuen Testament verkündet der Erzengel Gabriel sowohl die Geburt von Johannes dem Täufer als auch die von Jesus Christus und empfiehlt den Hirten, nach Betlehem zu ziehen. Es gibt noch viele andere Beispiele für Engelsäußerungen, darunter manche in Träumen oder als „innere Stimme", die die Offenbarung eines Propheten inspiriert.

Wie Augustinus im 5. Jahrhundert darlegte, beschreibt das Wort „Engel" selbst (griechisch *angelos* für „Bote") nur eine der Funktionen von

Engeln und nicht ihr grundlegendes Wesen. Im jüdisch-christlichen Glauben bilden sie in erster Linie den Hofstaat vor Gottes Thron, der ihm ewig dient und ihn preist. Die Vision des Propheten Daniel beschreibt in lebendigen Worten den Hofstaat Gottes: „Tausendmal Tausende dienten ihm, und zehntausendmal Zehntausende standen um ihn“ (Daniel 7,9–10). Das Buch Hiob erklärt, es „jauchzten alle Himmelswesen“, als Gott die Erde gründete (Hiob 38,4–7). Es gibt zahlreiche Hinweise auf „die sieben Engel, die da stehen vor Gott“, wie es in der Offenbarung 8,2 ausgedrückt wird, welche scheinbar einen inneren Engelskreis um Gottes Thron bilden. Diese wurden oft mit den sieben Erzengeln oder „großen Engeln“ gleichgesetzt. In der Bibel ist allerdings explizit nur von zwei Erzengeln, Gabriel und Michael, die Rede – das Wort Erzengel selbst findet sich nur zwei Mal im Neuen Testament. Der Name eines weiteren Erzengels, Raphael, findet sich im apokryphen Buch Tobit. Die Namen der anderen vier Erzengel finden sich in verschiedenen Versionen der außerkanonischen jüdischen Schriften, wie dem Ersten Buch Henoch. In Henochs Vision werden die sechs „heiligen Engel, die bewachen“ Suruel (oder Uriel), Raphael, Raguel, Michael, Sariel, Gabriel und Remiel genannt.

Die Erzengel sind nur eine der Kategorien von Engeln, die die jüdisch-christliche Tradition in den Heiligen Schriften identifiziert. Die frühe Kirche kennt sieben weitere Kategorien (siehe Seite 74–89), einschließlich der Cherubim (Genesis 3 und Ezechiel 10) und Seraphim (Jesaja 6). Die außerkanoni-

LINKS: Die Engel der Bundeslade, auf einer Illustration hebräischer Texte (13. Jh.).

schen Schriften teilen die Engel in eine große Zahl unterschiedlicher Gruppen gemäß ihrer Verantwortungsbereiche ein. So gibt es zusätzlich zu den Engeln, die natürliche Phänomene beherrschen, auch Figuren wie den „Friedensengel" und den „Todesengel" sowie eine ganze Reihe von Himmelswesen, deren Hauptfunktion darin besteht, Gottes Himmelsthron zu bewachen. Diese unterscheiden sich nicht wirklich von den Engeln, außer dass sie besondere Namen, wie Seraphim, Cherubim und Ophanim, tragen.

Derartige Namen und Einteilungen unterscheiden sich beträchtlich von Autor zu Autor. Ein bemerkenswertes Merkmal dieser Schriften, die nicht zur Bibel gehören, ist die Vorstellung, dass die Engel, oft mit den Erzengeln an der Spitze, hierarchisch strukturiert sind. Viele Christen akzeptierten später die Idee einer Engelshierarchie, die unterschiedlichen Engelstypen, die in der Bibel genannt wurden, unterschiedliche Ränge zuordnete. Besonderen Zuspruch fand jene von Dionysius Areopagita aus dem 5. Jahrhundert (siehe S. 80–89).

LINKS: Ein Engel aus *Die Anbetung der Hirten* (Detail) von Jörg Stocker (1481–1525), mit wundervollen, farbenfrohen Flügeln

Engel in der außer-biblischen Tradition wurden nicht nur *von* Gott als Boten gesandt, sondern griffen auch aktiv zu Gunsten von Einzelnen ein und brachten deren Gebete *in den* Himmel. Eine andere wichtige Rolle der Engel lag darin, die Guten gegen das Böse zu schützen. Engel prüften Menschen immer wieder in ihrer Treue zu Gott und entkräfteten böse Geister, die diese vom rechten Weg abbringen könnten.

Die Essener, eine jüdische Sekte um die Zeit Christi (siehe S. 97–99), mussten offenbar einen Schwur ablegen, die Namen der Engel zu bewahren. Engel begannen in anderen mystischen und geheimen Traditionen wie der jüdischen Merkabah und der Kabbalah eine tragende Rolle zu spielen. Die Mystik der Merkabah erzählt sogar von Menschen, die zu Engeln wurden – es heißt, Henoch gefiel Gott so sehr, dass er ihn in Metatron, einen mächtigen Erzengel, verwandelte (siehe S. 154–157).

DIE ENGEL DER APOKALYPSE

Engel finden sich überall in den Heiligen Schriften. Sie spielen jedoch in den Offenbarungen oder Apokalyposen, in denen einem Erwählten Visionen des Himmels „offenbart" werden, eine besonders herausragende Rolle.

Der Begriff Apokalypse (Offenbarung) bezieht sich auf jüdische und christliche Schriften, in denen Gott kosmische Ereignisse und Phänomene – für gewöhnlich das, was am Ende der Zeit passieren wird – durch Engel, Visionen oder Träume preisgibt. Dieses Genre erhielt seinen Namen durch das berühmteste Werk dieser Art, die Apokalypse oder das Buch der Offenbarung im Neuen Testament. Der heilige Johannes beschreibt, wie er niederfiel „anzubeten zu den Füßen des Engels, der mir solches zeigte" (Offenbarung 22,8). Ein großer Teil der Offenbarung beschreibt das Letzte Gericht, bei welchem sieben Engel in ihre Posaunen blasen werden: Jeder Ruf bewirkt ein anderes Desaster, das die Menschen, die nicht mit Gottes Mal auf ihrer Stirn versehen sind, ereilen wird.

„Und ich sah einen Engel vom Himmel fahren, der hatte den Schlüssel zum Abgrund und eine große Kette in seiner Hand."

Offenbarung 20,1

Das Erste Buch Henoch ist neben der Bibel die einflussreichste Apokalypse. Sie erzählt Henochs Reise durch den Kosmos, geleitet vom Erzengel Uriel. Es ist gleichzeitig eines der frühesten Werke, das die Zahl der Erzengel auf sieben festlegt. Eine andere Apokalypse ist das Buch Daniel, das mit der Vision von Ezechiel die Engelsbeschreibungen in der Offenbarung des Johannes beeinflusste.

RECHTS: Der Erzengel Michael beim Wiegen der Seelen beim Letzten Gericht, in einem Detail von einem Altarbild von Rogier van der Weyden (1399–1464).

ENGEL IM ISLAM

Engel sind in der islamischen Überlieferung und deren Gesetz stark vertreten – schließlich war es ein Engel, der die Suren des Koran, das wahre Wort Gottes, dem Propheten Mohammed übermittelte.

Der Glaube an Engel (*Malaika*) ist ein Glaubensartikel im Islam und das Wort *Malaika* kommt mehr als 80 Mal im Koran vor. Die islamische Engelshierarchie ähnelt der jüdisch-christlichen. An ihrer Spitze stehen die *Hamalat al-'Arsh*, die vier Thronhalter Allahs, die in der muslimischen Legende durch einen Mann, der zugleich Stier, Adler und Löwe ist (wie bei Ezechiel, siehe S. 24–25), symbolisiert werden. Diesen folgen die *Karibuyin* (Cherubim), die fortwährend Allah preisen. Diese höchsten Engel bleiben gewöhnlich ständig in der Gegenwart Allahs und mischen sich nicht ins irdische Geschehen ein – im Gegensatz zu den Erzengeln: Jibril (Gabriel), der Offenbarer; Mikhail (Michael), der Versorger; Israil oder Asrail, der Todesengel; und Israfil (Raphael), der die Posaune zum Letzten Gericht blasen wird. Zwei weitere wichtige Engel sind Munkar und Nakir, die den Glauben der kürzlich Verstorbenen prüfen. Des Weiteren gibt es eine Schar von niedrigeren Engeln. Es heißt, jeden Mensch begleiteten zwei Engel: einer, der die guten, und einer, der die schlechten Taten aufzeichne.

Engel spielen im Islam eine besondere Rolle. Mohammed (571–632 n. Chr.) lehrte, dass über jeden Grashalm ein Engel wache, und weist somit darauf hin, dass jeder Teil der Natur, nicht nur der Mensch, von Engeln gehütet würde: „Jeder Regentropfen, der herabfällt, wird von einem Engel begleitet, denn sogar ein Tropfen ist eine Manifestation des Seins" (Koran).

Der wichtigste Engel ist Jibril. Mohammed konnte anfangs das Wesen, durch das er die göttliche Offenbarung erhielt, nicht identifizieren und der Koran selbst nennt Jibril nur drei Mal. Wie Mikhail spielt auch Jibril eine Hauptrolle in der berühmten Erzählung von der nächtlichen Reise des Propheten in die heilige Stadt Jerusalem und seinem Aufstieg von dort in den Himmel. Nach der Reinigung durch zwei Engel wird Mohammed von Jibril durch die verschiedenen Himmelsebenen geführt, bis sie Allahs Thron erreichen. Für gewöhnlich sah Mohammed Jibril nicht, sondern hörte nur seine Stimme, obwohl es hieß, Jibril sei einmal in Gestalt eines Anhängers Mohammeds erschienen. Anderswo wird Jibril mit 600 Flügeln oder auf einem Stuhl sitzend, der zwischen Himmel und Erde hängt, dargestellt. Mikhail besitzt smaragdgrüne Flügel und residiert im siebten Himmel.

Der Anführer der Engel des sechsten Himmels (links) und der Anführer der Engel des siebten Himmels (oben), aus *Die Wunder der Schöpfung und die Seltsamkeiten des Daseins,* Zakariya'ibn Mohammad al-Qazwini, Islamische Schule (14. Jh.).

Der Legende nach waren Jibril und Mikhail die ersten, die gehorchten, als Allah den Engeln gebot, sich in Demut vor Adam zu verbeugen, eine Überlieferung, die auch in außerbiblischen jüdisch-christlichen Schriften zu finden ist. Der Islam berichtet auch, dass einer der Engel, Shaitan (Satan), sich weigerte, Adam Verehrung zu zollen und aus diesem Grund mit seinen Anhängern des Himmels verwiesen wurde.

Die islamische Welt wird nicht nur von Menschen, sondern auch von den *Dschinn* bewohnt, die in einer Art Paralleluniversum existieren. Die *Dschinn* sind Geister, die Allah vor den Menschen (so wie die jüdisch-christlichen Engel) schuf. Mohammed erklärte, die Engel wären aus Licht geschaffen, die *Dschinn* hingegen aus rauchlosem Feuer. Daher gilt ihr Wesen als wild, was auch deren Beziehung zu den Menschen widerspiegelt, die die *Dschinn* prüfen oder sogar besitzen.

GOTTESERSCHEINUNGEN

Es gibt einige Bibelstellen, in denen „der Engel des Herrn" erscheint. Dieser bedeutet eher die Manifestation Gottes selbst als das Erscheinen eines Vermittlers oder Boten.

Die bekannteste Erscheinung „des Engels des Herrn“ ist die Geschichte von Mose und dem brennenden Busch (Exodus 3). Am Berg Horeb, in der Wildnis von Midian, erscheint „der Engel des Herrn“ Mose in den Flammen eines Dornbusches und spricht zu ihm: „Ich bin der Gott deines Vaters, der Gott Abrahams.“ In Genesis 18 erscheint Gott Abraham in der Gestalt dreier Engel, doch im Verlauf der Erzählung wechselt „sie sprachen“ zu „der Herr sprach“ (Genesis 18,9–13). Ähnlich wird bei Gideon im Buch der Richter 6 der Besucher abwechselnd als „der Engel des Herrn“ und „der Herr“ bezeichnet. In Genesis 22 greift „der Engel

RECHTS: Der Engel des Herrn in der ätherischen Bildkomposition *Mose und der brennende Busch* vom Visionär und Künstler William Blake (1757–1827).

des Herrn“ ein, um Abraham davon abzuhalten, seinen Sohn Isaak Gott zu opfern. Und als der Engel des Herrn im Buch der Richter 13 erscheint, um die Geburt Samsons zu verkünden, sagt Manoah zu seiner Frau : „Wir müssen des Todes sterben, weil wir Gott gesehen haben.“

Solche Passagen nennt man Theophanien, vom griechischen *theo* (Gott) und *phaneia* (sich zeigen), die eher das Erscheinen Gottes denn seiner Engelsboten beschreiben.

Die griechische Version des Alten Testaments nennt den Messias „Bote des wundervollen Rates“ (Jesaja 9,6) und einige christliche Denker wie Tertullian (3. Jh.) und der protestantische Reformer John Calvin (1509–1564) deuteten „den Engel des Herrn“ als den prä-inkarnierten Christus – den Logos oder das „Wort“, wie in Johannes 1,1. Logos war Ausdruck des innersten Wesen Gottes, der göttlichen Vernunft, welche in die Sprache projiziert wurde und Mittel der Schöpfung und der Offenbarung war. Der „Engel des Herrn“, der Mose und anderen erschien, antizipierte die Zeit, wenn Gott den Menschen selbst in menschlicher Form erscheinen würde.

„Und der Engel des Herrn erschien ihm in einer feurigen Flamme aus dem Dornbusch. Und er sah, dass der Busch im Feuer brannte und doch nicht verzehrt wurde. Da sprach Mose: ‚Ich will hingehen und die wundersame Erscheinung besehen, warum der Busch nicht verbrennt.‘
... Gott rief ihn aus dem Busch ‚Mose, Mose!‘ Er antwortete ‚Hier bin ich.‘ Gott sprach, ‚Tritt nicht herzu, zieh deine Schuhe von den Füßen; der Ort, darauf du stehst, ist heiliges Land!‘ Und er sprach weiter: ‚Ich bin der Gott deines Vaters, der Gott Abrahams, der Gott Isaaks und der Gott Jakobs.‘“

Exodus 3,2—6

ENGEL ALS GOTTES BOTEN

Die Engel erscheinen in der Bibel zum größten Teil als Gottes Boten für die Menschheit. Durch die Engel verkündet Gott seinen Willen, macht Prophezeiungen und warnt vor bedeutsamen Ereignissen.

In Genesis 16 findet ein Engel Hagar in der Wildnis und verkündet ihr, dass sie einen Sohn, Ismael, gebären wird. Dieser gilt traditionell als Vorfahre der Araber und anderer nomadischer Wüstenstämme. Wahrscheinlich verkündet Gott in Gestalt eines Engels Abraham seine Mission als Patriarch der Stämme und erklärt, dass ihm seine Frau Sarah, obwohl sie ihre fruchtbaren Jahre überschritten hat, einen Sohn, Isaak, gebären wird (Genesis 18). Dies ist die erste einiger Verkündigungen bedeutsamer Geburten durch Engel in der hebräischen Bibel und im Neuen Testament. Die berühmteste ist selbstverständlich Gabriels Verkündigung von Jesu Geburt gegenüber der Jungfrau Maria.

„Engel erleuchten den Weg."

Verfasser unbekannt, 20. Jh.

Jakobs berühmte Vision in Genesis 28 zeichnet ein lebendiges Bild vom Hinabsteigen der Engel zur Erde und von deren Rückkehr in den Himmel über eine Himmelsleiter. In diesem Fall sind die Engel Boten Gottes, der Jakob das Land für sich und seine Nachkommen verspricht. Später, in Genesis 32, kämpft Jakob mit einem körperlich existenten Engel, der schließlich erklärt, dass Jakob forthin Israel („Gott kämpft" oder „Der mit Gott kämpft") heißen solle .

Engel erscheinen in einer ähnlichen Rolle im Buch der Richter, wo ein Engel Gideon erklärt, dass er „Israel aus den Händen der Midianiter" erretten wird (Richter 6). Etwas später verkündet ein Engel Manoah und seiner kinderlosen Frau, dass sie einen „Sohn empfangen und gebären" wird: Samson, der Israel aus den Händen der Philister befreien wird (Richter 13).

Im Buch Daniel erscheint der Engel Gabriel, um Daniel die Bedeutung seiner apokalyptischen Vision (Daniel 8 und 9) zu erklären. Dabei wird Gabriel zum ersten Mal in der Bibel erwähnt, und zwar nicht als Engel, sondern als „der Mann Gabriel" (Daniel 9,21). Im Neuen Testament erscheint Gabriel als Engel, der die Geburt von Johannes dem Täufer und Jesus Christus verkündet. Im Lukasevangelium erzählt Gabriel dem alternden Zacha-

UNTEN: ***Die Verkündigung*** **(Detail) von Fra Angelico (um 1387–1455), die den Besuch Gabriels bei Maria der Vertreibung von Adam und Eva aus dem Paradies gegenüberstellt.**

rias, dass seine unfruchtbare Frau Elisabeth einen Sohn, Johannes, gebären wird (Lukas 1). Johannes ist als Vorbote von Christus bekannt und dieser Engelsbesuch selbst gilt als Vorzeichen für die noch bedeutsamere Verkündigung gegenüber Maria, die gleich darauf im ersten Kapitel des Lukasevangeliums folgt. Noch einmal verkündet Gabriel, in einem Wortlaut, der an Geburtsankündigungen im Alten Testament erinnert, Maria, dass sie, obwohl sie eine Jungfrau ist, den Heiligen Geist empfangen und einen Sohn gebären wird. Lukas' Bericht ist eine berührend schöne Passage. Es verwundert daher nicht, dass die Szene der Verkündigung bei Künstlern immer sehr beliebt war. Im Matthäusevangelium ist die Verkündigung an Joseph gerichtet. Er ist Marias Verlobter und möchte sie, da sie schwanger wurde, verlassen. Es erscheint ihm jedoch im Traum ein Engel, der ihm versichert, dass Maria das Kind durch den Heiligen Geist empfangen habe.

Engel erscheinen auch oft in entscheidenden Momenten im Leben Jesu. Nach seiner Geburt erscheint ein Engel den Hirten, um diesen „große Freude" zu verkünden (Lukas 2,10), und rät ihnen, nach Betlehem zu ziehen. Der namenlose Engel ist

„Sind nicht alle Engel dienstbare Geister, ausgesandt zum Dienst um derer Willen, die das Heil ererben sollen."

Hebräer 1,14

von „himmlischen Heerscharen, die Gott lobten" umgeben (Lukas 2,13). Engel kümmern sich um Jesus in der Wildnis und ein Engel stärkt Christus in seiner Todesangst am Ölberg in Gethsemane. Noch später erscheint den Frauen vor dem leeren Grab ein Engel und verkündet die Auferstehung Christi – Matthäus berichtet über den Engel: „Und seine Erscheinung war wie der Blitz und sein Kleid weiß wie Schnee" (Matthäus 28,3). Bei Lukas und Johannes sehen die Frauen nicht nur ein, sondern zwei Engelswesen „mit glänzenden Kleidern" (Lukas 24,4).

Es gibt noch viele weitere Beispiele göttlicher Botschaften, die in der Bibel durch Engel überbracht werden. Einige werden in Träumen übermittelt, wie etwa die Verkündigung an Joseph, oder als „innere Stimme", wie beispielsweise in den Offenbarungen des Prophethen Sacharja. Dieser erwähnt im hebräischen Original einige Male „den Engel, der *in* mir sprach", als er von seinen Offenbarungen erzählt (Sacharja 1,9 und weitere).

Engelsmissionen dauern in den meisten Fällen nur einige Momente, manchmal wird einem Volk ein Engel jedoch für längere Zeit gesandt. Ein Beispiel dafür findet sich in Exodus 14, wo der „Engel des Herrn" tagsüber als Wolkensäule und nachts als Feuersäule das israelische Volk aus Ägypten leitet.

LINKS: *Der Morgen der Aufstehung* von Edward Burne-Jones (1833–1899) zeigt Maria Magdalena wie ihr der auferstandene Christus erscheint, nachdem ihr zwei Engel erklärt haben, sie solle den Lebenden nicht unter den Toten suchen.

BEGEGNUNGEN MIT ENGELN

Immer wieder berichteten Menschen davon, göttliche Unterstützung durch Engel erhalten zu haben. Engel sind dabei in vielfältigen, anscheinend physischen Gestalten erschienen. In anderen Fällen kamen sie in Meditationen, Trancen und Träumen als geheimnisvolle, nicht ortbare, körperlose Stimme vor.

LINKS: Engel in einer himmlischen Landschaft, aus einem Freskenzyklus von Benozzo di Lese di Sandro (1420–1497) im Palazzo Medici-Ricardi, Florenz, Italien.

ENGEL UND PROPHETEN

Viele Engelsbegegnungen in den Heiligen Schriften involvierten Propheten, durch die der Menschheit göttliche Wahrheiten vermittelt wurden. Diesen erschienen Engel als Person, als innere Vision oder in Träumen.

In der Bibel besitzen die Propheten ein spezielles Wissen über Engel und genießen eine engere Beziehung als andere Menschen zu ihnen. Die Boten des einen wahren Gottes erscheinen sogar den Propheten anderer Völker, wie etwa dem Seher Balaam in Numeri 22. In 1 Könige 19 flieht der Prophet Elia in die Wildnis, wo ihn ein Engel für 40 Tage und Nächte mit Nahrung versorgt. Am Ende dieser Mission fährt Elia in einem feurigen Engelswagen im Wirbelwind in den Himmel. (2 Könige 2,11–12). Sein Nachfolger Elisa ist in Dothan von den Syrern umgeben, doch es kommen „feurige Wagen" der

LINKS: ***Ezechiel und der Engel*** **(Detail), Fresko um 1477, aus dem Grabmal von Santa Casa, Loretto, Italien. Man glaubt, dies „Heilige Haus" sei das Haus, in dem Jesus in Nazareth aufgewachsen sei und das im 13. Jh. von Engeln an seinen jetzigen Ort versetzt wurde.**

Engelsheerscharen, um ihn zu schützen. Nur Elisa kann diese sehen, bis er Gott bittet, seinen Dienern die Augen zu öffnen, und sie diese erkennen können (2 Könige 6,17).

Engel sind in den Büchern der Propheten stark vertreten, besonders bei jenen, die Visionen des Himmels und der dort lebenden Wesen haben. Doch auch Propheten ohne spezielle Visionen, wie Jeremia, sprechen von Gott als „Herrn Zebaoth“, was „Herr der Engelsheere“ heißt und diesen als Chef einer großen Himmelsarmee gegen die Unterdrücker Israels darstellt.

Jesaja beschreibt die sechsflügeligen Seraphim – das Wort taucht hier zum ersten Mal in der Bibel auf –, die über dem Thron Gottes stehen und „Heilig, heilig, heilig ist der Herr Zebaoth, alle Lande sind seiner Ehre voll!“ (Jesaja 6,3) rufen. Der vorhergehende Vers 6,2 ist eine der Quellen für die Vorstellung, Engel hätten Flügel, während der Engelsgesang Teil der christlichen Liturgie wurde. Ein Seraph berührt Jesajas Mund mit von Sünde reinigender glühender Kohle.

Die Engel im Buch Ezechiel sind noch bedeutsamer. Ezechiel wird in einer Vision von Gott zum Prophetenamt berufen, die mit dem Erscheinen von „vier Gestalten“, die er im Detail beschreibt (siehe S. 24–25) und später Cherubim nennt, beginnt: „Eine mächtige Wolke und loderndes Feuer und Glanz waren rings um sie her, und mitten im Feuer war es wie blinkendes Kupfer“ (Ezechiel 1,4). Ezechiel schildert außerdem vier große wirbelnde Räder, die wie Türkis schimmerten und deren Felgen „voller Augen“ waren, die die Cherubim auf ihrem Weg begleiten (Ezechiel 1,18). Denn, so Ezechiel, „es war der Geist der Gestalten in den Rädern“ (Ezechiel 1,21). Später ordneten Gelehrte diese als Himmelswesen in die Kategorie der „Throne“ ein, die in der Engelshierarchie nach den Seraphim und den Cherubim kommen (siehe S. 82–83). Basierend auf Ezechiels Vision hieß es später, Throne wären die Räder auf Gottes Himmelswagen.

Später erscheint Ezechiel ein Engel, der ihm die Entweihung des Tempels von Jerusalem und die

„Sein Leib war wie ein Türkis, sein Antlitz sah aus wie ein Blitz, seine Augen wie feurige Fackeln, seine Arme und Füße wie helles, glattes Kupfer und seine Rede war wie ein großes Brausen."

Daniel 10,6

Bestrafung der Bösen vor Augen führt. Dieser Engel hat die Gestalt eines Mannes, doch „abwärts von dem, was wie seine Hüften aussah, war es wie Feuer, aber oberhalb seiner Hüften war ein Glanz zu sehen wie blinkendes Kupfer" (Ezechiel 8,2). Im Verlauf dieser Engelsvision sieht der Prophet wieder die vier Cherubim und die Himmelsräder.

Auch der Prophet Daniel hat eine besondere Beziehung zu Engeln. Als Freunde Daniels, drei bekannte Juden, in einen glühenden Ofen geworfen werden, beschützt sie ein Engel vor den Flammen (Daniel 3,25–28). Daniel selbst wird durch einen Engel gerettet, als er durch die Anklage von eifersüchtigen Statthaltern in die Löwengrube geworfen wird (Daniel 6,22). In Daniel 4 deutet er die Prophezeiung, die ein Engel in einem Traum von König Nebukadnezar macht, und im darauffolgenden Kapitel erklärt er die schicksalhaften Worte, die während Belsazers Gastmahl durch „Finger wie von einer Menschenhand" (Daniel 5,5) auf eine Wand geschrieben werden – wahrscheinlich von einem Engel, da die Hand von Gott geschickt wurde (Daniel 5.24).

Ein großer Teil des Buchs Daniel ist seinen apokalyptischen Prophezeiungen gewidmet. Die erste davon beginnt mir vier großen Tieren, die eine Vision von Gott selbst einleiten. Daniel sieht, wie „Throne aufgestellt wurden" und „einer, der uralt war", sich setzte: „Feuerflammen waren sein Thron und dessen Räder loderndes Feuer" (Daniel 7,9). Dies erinnert an die Throne oder Engel in Form von Rädern bei Ezechiel. Die Tiere werden zerstört und der Prophet nähert sich „einem von denen, die dastanden", um Genaueres über das herauszufinden, was er gesehen hatte. Der Engel deutet die Tiere als Herrscher, die Israel unterdrücken werden, doch Daniel versichert, dass Gott, „der Höchste", siegen wird.

RECHTS: *Daniels Vision* von dem schottischen Künstler William Hamilton (1751–1801).

Ein Engel deutet auch Daniels nächste Vision, die einem Traum ähnelt, jedoch keiner ist. Zum ersten Mal in der Bibel wird Gottes Bote benannt: Gabriel, der „wie ein Mann aussah“ (Daniel 8,15) und tatsächlich bei seinem zweiten Erscheinen „der Mann Gabriel“ genannt wird (Daniel 9,21). Bei dieser Gelegenheit prophezeit er Daniel, dass Jerusalem durch einen „Zerstörer“, der selbst niedergehen wird, verwüstet werden wird.

Seine letzte Vision, die in Daniel 10 beschrieben wird, wird von einem Engel überbracht, der ein Gesicht wie Blitze, flammende Augen und Glieder wie schimmerndes Kupfer hat. Er zeigt David die Vision vom „Ende der Tage“, welche in der Ankunft der Heerscharen der Engel unter Michael – auch er wird zum ersten Mal bei Daniel (10,13) genannt – kulminiert. Am Ende der Vision stoßen noch zwei weitere Engel als letzte Bestätigung dazu.

Es erscheinen auch anderen Propheten und Visionären in der Bibel Engel, besonders Sacharja und dem Verfasser der Offenbarung. Außerhalb der Bibel kommen Engel primär in jüdischen und christlichen Werken vor, die sich auf berühmte Propheten berufen, tatsächlich jedoch lange nach deren Tod geschrieben wurden. Das bekannteste ist das Erste Buch Henoch (1 Henoch), dessen älteste Teile auf etwa 200 v. Chr. zurückgehen. Es befinden sich Fragmente davon in den „Schriftrollen vom Toten Meer“. Bei den frühen Christen war es sehr beliebt und wird sogar im Neuen Testament zitiert (Judas 14). Doch später verlor es die Gunst der Kirche, ausgenommen in Äthiopien, wo es noch immer Teil der Heiligen Schrift ist. Im Westen erst im späten 18. Jahrhundert wiederentdeckt, zählt Henoch heute zu den reichsten Quellen des alten jüdischen und christlichen Glaubens an Engel.

Henoch wird im Alten Testament als Adams sechster Nachkomme genannt. Genesis 5,24 sagt nur: „Und weil er mit Gott wandelte, nahm ihn Gott hinweg, und er ward nicht mehr gesehen.“ Dieser rätselhafte Satz inspirierte 1 Henoch und andere Schriften, die behaupten, die wahren Offenbarungen zu sein, die Gott Henoch durch die Engel übermittelt hätte. Das Buch enthält wahrscheinlich die ältesten Berichte über die gefallenen Engel, die „Beobachter“. Sie ersuchen Henoch, bei Gott für sie Fürsprache einzulegen, und er wird in den Himmel gebracht. Er betritt das von Cherubim gehütete, göttliche Haus und eine innere Halle aus „Feuerzungen“, wo Gott, von Millionen Engeln umgeben,

RECHTS: **Henoch, aus einem Detail des *Schöpfungsfensters* (1861) von George Campfield, Allerheiligenkirche, Selsey, Gloucestershire, England.**

thront (1 Henoch 15). Gott sagt Henoch, dass die Bitte der gefallenen Engel umsonst sei, da diese „keinen Frieden finden werden“. Erzengel, „wie flammendes Feuer“, geleiten Henoch auf seiner Reise durch den Kosmos und sie führen ihn auch zum Lebensbaum und dem Ort, wo die „Beobachter“ bestraft werden. Henoch benennt seine Führer: Uriel (oder Suruel), Raphael, Raguel, Michael, Sariel, Gabriel und Remiel (1 Henoch 20). Raguel wird als Racheengel, Gabriel als Aufseher des Garten Eden und der Cherubim beschrieben. Michael wird später „Anführer“ der Engel und Raphael Heilungsengel genannt. Außerdem wird noch Phanuel benannt. Engel führen Henoch noch weiter in die höchsten Himmelssphären und entlegensten Winkel des Universums. Er erhält so ein unerreichtes Wissen über Gottes Schöpfung und das Engelreich und sieht in seinen Visionen die Zukunft. Er kehrt auf die Erde zurück, um niederzuschreiben, was er gesehen hat, bevor er letztendlich von Gott in den Himmel gehoben wird und „unter den Engeln“ Platz findet (1 Henoch 106).

FRÜHE MYSTIKER UND HEILIGE

Immer wieder haben christliche Mystiker und Heilige Engel als Quelle ihrer göttlichen Inspiration und Vision genannt.

Schon seit den Anfängen der Kirche sind Heiligen und Mystikern Engel erschienen. Allein in der Apostelgeschichte erscheinen Petrus und Johannes im Kerker Engel, dann Philippus und wieder Petrus und auch Paulus (Apg 5, 8, 12 und 27). Außerdem brachte ein Engel Johannes die Visionen im Buch der Offenbarung.

Einige der Heiligen wurden durch Engelsvisionen berufen. Der Heilige Cuthbert (um 635–682) war eigentlich ein Hirtenjunge. Eines Tages, als er mit etwa 16 Jahren Schafe in der Nähe von Melrose, einem Kloster in Nordengland, hütete, sah er in einer Vision, wie Engel die Seele des heiligen Aidan in den Himmel trugen. Diese Vision veranlasste Cuthbert, in das Kloster von Melrose einzutreten. Er wurde später Bischof von Lindisfarne und einer der bekanntesten Kirchenmänner seiner Zeit.

Eine der größten Mystikerinnen des Mittelalters war Hildegard von Bingen (1098–1179), eine deutsche Äbtissin, die für ihre Weisheit und Visionen so verehrt wurde, dass sie oft „Heilige Hildegard" genannt wird, obwohl sie nie heilig gesprochen wurde. Sie hatte ihr Leben lang Visionen und schrieb 26 davon in ihrem Werk *Scivias* (kurz für *Scito vias Domini,* „Wisse die Wege des Herrn") nieder. In der ersten Vision des ersten Teils sieht Hildegard Gott als „engelhafte Gestalt von solchem Glanz" mit Flügeln auf einem eisenfarbenen Berg thronend, der sein ewiges Königreich symbolisiert. In ihrer nächsten Vision beschreibt Hildegard den Fall Luzifers und seiner aufständischen Anhänger, die als „lebendige Leuchten" beschrieben werden.

Ihre wundervollste Engelserfahrung hat Hildegard jedoch erst in ihrer sechsten Vision. Die christliche Tradition teilt Engel in neun Orden ein, die drei Triaden bilden: Engel, Erzengel und Tugenden; Mächte, Fürstentümer und Herrschaften; und an der Spitze Throne, Cherubim und Seraphim (siehe S. 74–93).

Hildegards Vision unterteilt die Orden jedoch in Gruppen zu jeweils zwei, fünf und zwei und sieht die Natur des Menschen in der Engelshierarchie widergespiegelt. Engel und Erzengel symbolisieren Leib und Seele und die Cherubim und Seraphim das Wissen und die Liebe Gottes. Die fünf mittleren Orden repräsentieren die fünf Sinne.

Hildegard beschreibt die Engelschöre als in Kranzform angeordnete Chöre und illustriert diese Vision mit einem eigenen Gemälde. Ähnlich einem Mandala zeigt es die Engel in neun konzentrischen Kreisen um einen leeren Mittelpunkt, der die göttliche Präsenz versinnbildlicht.

LINKS und RECHTS: Der heilige Franz von Assisi erhält von Christus, der in Gestalt eines Engels erscheint, die Stigmata. Tafelbild (Details) von Giotto (1267–1337).

Eine der bemerkenswertesten Engelsbegegnungen hatte Franz von Assisi (um 1182–1226), der Begründer des Franziskanerordens. Im August 1224 zog sich Franz mit drei Gefährten zum Fasten auf den Berg La Verna, in der Nähe von Assisi, zurück. Während dieser Klausur ging Franziskus am oder um das Fest der Kreuzfin-

dung (14. September) auf den Berg, um zu beten, und sah laut Bruder Leo, einem seiner Jünger, „einen Seraph mit sechs mächtigen Flügeln von den Höhen des Himmels herabsteigen". Als der Seraph näherkam, sah Franziskus auf seinen Flügeln ein Bild der Kreuzigung und er empfing die Stigmata, die fünf Wundmale des gekreuzigten Christus. Einem anderen Mönch, Matthäus von Castiglione, erschien Franziskus in einer Vision, 36 Jahre nach dessen Tod, und sagte zu ihm: „Der, der mir erschien, war kein Engel, sondern Jesus Christus selbst in Gestalt eines Seraphen, der mit seinen eigenen Händen diese Wunden auf meinen Körper gesetzt hat."

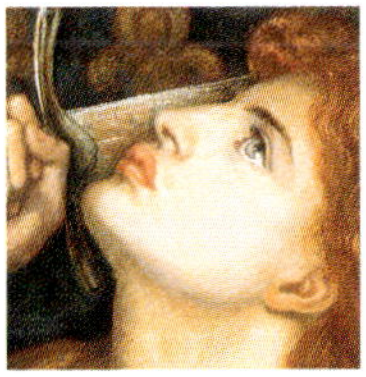

Eine weitere Empfängerin von Engelsbotschaften war Jeanne d'Arc, Johanna von Orleans (1412–1431). Das Mädchen aus bäuerlichen Verhältnissen begann mit 13 Jahren „Stimmen" oder „Weisungen" zu hören. Anfangs dürfte es sich tatsächlich nur um eine Stimme gehandelt haben, die von einem hellen Licht begleitet wurde. Später konnte Johanna darin die Gestalten von Michael und anderen Engeln sowie der heiligen Margareta und Katharina ausmachen. Sie sprach jedoch selten über das, was sie sah, und weigerte sich auch bei ihrer Vernehmung, die Heiligen und Engel zu beschreiben – abgesehen von der Bekundung „ich sah sie mit diesen Augen, so wie ich euch sehe".

1428 drängen die Stimmen Johanna dazu, dem französischen König, Karl VII., gegen die Engländer zu helfen. Sie leiten sie sogar zu einem, hinter einem Kirchenaltar in Chinon verborgenen Schwert. So wie die Stimmen es ihr prophezeit hatten, beendet Johanna 1429 die englische Belagerung von Orleans. 1430 wird sie jedoch von den Engländern und deren Verbündeten gefangengenommen und wegen Hexerei und Ketzerei verurteilt. Im Mai 1431 wird sie auf dem Scheiterhaufen verbrannt. Laut der offiziellen Gerichtsaufzeichnungen besteht sie bis zuletzt darauf, „dass ihre Stimmen von Gott kamen". Viele, die Johanna gekannt hatten, glaubten ihr und 1455 annullierte die Kirche ihr streitbares Urteil. Johanna wurde 1920 heilig gesprochen.

LINKS: *Jeanne d'Arc* von Dante Gabriel Rosetti (1828–1882). Dies war das letzte Bild, an dem der Maler arbeitete. Er beendete es ein paar Tage vor seinem Tod am 9. April 1882.

TERESA VON ÁVILA

Eine der am meisten verehrten und respektierten Frauen ihrer Zeit, die Heilige Teresa von Ávila, ist für ihre außergewöhnlichen mystischen Erfahrungen berühmt.

Teresa (1515–1582) wurde in Ávila, Spanien, geboren, trat 1535 dem Karmelitenkonvent bei und begann dort bald, jene mystischen Erfahrungen zu machen, die sie berühmt machen und letztlich zu ihrer Heiligsprechung beitragen sollten. Die Ordensdisziplin war locker und ließ männliche Besucher zu. Einmal hörte Teresa eine Stimme, die ihr befahl: „Du sollst nicht mit Menschen sprechen, sondern mit Engeln."

Anfangs bezweifelten viele die Echtheit ihrer Erfahrungen. Ein Beichtvater befahl ihr sogar, das Kreuzzeichen zu machen, wenn sie eine Vision hatte, als wäre diese ein böser Geist. Teresa gehorchte pflichtbewusst, doch in ihrer Autobiographie berichtet sie, es sei danach nicht mehr anzuzweifeln gewesen, dass ihre Visionen von Gott kamen.

Andere Geistliche waren jedoch von ihrer Frömmigkeit sehr beeindruckt und nicht lange danach hatte Teresa ihre wahrscheinlich außergewöhnlichste Engelsvision, die „Transverberation" oder Durchbohrung des Herzens mit der Liebe Gottes. Sie beschreibt die Erfahrung in dem für sie typischen direkten Stil:

> „Ich sah, neben mir zu meiner Linken, einen Engel in leiblicher Gestalt – eine Art der Vision, die ich für gewöhnlich nicht, sondern nur sehr selten habe. Obwohl ich öfter Engel sehe, sind meine Visionen eher von [geistiger] Art. Es gefiel dem Herrn, dass ich den Engel auf folgende Weise sehen sollte. Er war nicht groß, sondern eher zierlich, und wunderschön. Sein Gesicht glühte wie von Feuer, als wäre er einer der höchsten Engel, die alle aus Feuerflammen zu bestehen scheinen. Er musste zu jenen gehören, die Cherubim genannt werden: Sie sagen keine Namen, doch mir ist bewusst, dass es große Unterschiede zwischen den Engeln gibt und

innerhalb der unterschiedlichen Gruppen, die ich jedoch nicht zu erklären vermag. In seinen Händen sah ich einen langen, goldenen Speer, an dessen Spitze ein kleines Feuer zu leuchten schien. Es war mir, als durchbohre er damit mehrmals mein Herz, sodass er in mein Innerstes vordrang. Als er den Speer wieder herauszog, kam es mir so vor, als ziehe er ein Stück meines Herzens mit heraus und ich stünde ganz in Flammen, so groß war die Liebe zu Gott, die mich durchströmte. Der Schmerz war so gewaltig, dass ich mehrmals aufstöhnte. Und doch, dieser intensive Schmerz war so unendlich süß, dass ich wünschte, er möge niemals enden – und ich sicher war, dass die Seele nur in Gott Erfüllung finden kann. Es ist kein körperlicher, sondern spiritueller Schmerz."

Teresa wurde auch für ihre bemerkenswerte Karriere als Geistliche gefeiert. Jahrelang kämpfte sie für die Reform ihres Ordens, der Karmeliten, deren Ordensdisziplin sie straffen wollte. Schließlich gründete sie einen neuen Orden, die unbeschuhten Karmeliten, die nur einfache Tracht und Sandalen trugen.

OBEN: Die berühmte Marmorstatur *Die Ekstase der Heiligen Teresa* (1647–1652) von Giovanni Lorenzo Bernini (1598–1680) erfasst die Dramatik von Teresas außerordentlicher Vision vollkommen.

EMANUEL SWEDENBORG

Swedenborg entwickelte eine radikale Sicht des Engelreichs und verstand die Engel als hoch entwickelte Version menschlicher Wesen.

Emanuel Swedenborg (1688–1772), Sohn eines Bischofs, machte in seiner Heimat Schweden eine herausragende Karriere als Natur- und Geisteswissenschaftler und Verwalter. Mit 56 Jahren hatte Swedenborg einen außergewöhnlichen Traum, in dem er in die höheren Reiche des Kosmos gehoben wurde. Von dieser Zeit an erlebte Swedenborg oft Visionen, Trancen sowie mystische Träume und kommunizierte laut seinen Berichten direkt mit Engeln. Er gab seinen Verwaltungsposten zwei Jahre später (1747) auf, bezog allerdings eine Pension vom schwedischen König, die ihm erlaubte, sich sein restliches Leben lang seinen spirituellen Studien zu widmen.

Swedenborg verfasste etliche Werke über die Beziehung zwischen den menschlichen und himmlischen Reichen, wie *Himmlische Geheimnisse* (1749) and *Himmel und Hölle* (1758). Er schuf seine eigene Version der Engelshierarchie, die er in *Himmel und Hölle* beschreibt. Er glaubte, es gäbe drei Grade oder Ebenen von Engeln, die jeweils verantwortlich wären, einander zu bilden und zu leiten. Die den Menschen am nächsten stehende Ebene ist die „natürliche“, auf der uns Engel frei in unserem Leben unterstützen. Auf der nächsten Ebene befinden sich die „geistigen“ Engel, die in Harmonie arbeiten und miteinander kommunizieren und die Prinzipien unbegrenzter Liebe lehren. Auf dieser Ebene sind die Engel eng mit unserer Evolution und unserem spirituellen Wachstum verbunden. Die höchsten Engel sind die „himmlischen“ Engel, welche Gott am nächsten stehen und in einem Zustand ewiger Reinheit und Güte leben.

Swedenborgs zentrale Auffassung ist jene, dass „Menschen geboren werden, um zu Engeln zu werden“. Swedenborg sah den Sinn der Schöpfung darin, einen Himmel mit Engeln zu erschaffen, die ursprünglich aus der menschlichen Rasse hervor-

OBEN: ***Engel im Gebet*** **vom deutschen Maler Caspar David Friedrich (1774–1840) ist typisch für seine Gemälde, in denen er eine symbolische Landschaft einsetzt, um einen religiösen Mystizismus, der jenem Swedenborgs nicht unähnlich ist, auszudrücken.**

gegangen waren. Er schrieb: „Wenn unser Inneres spirituell ist, sind wir tatsächlich Engel im Himmel. Das heißt, wir befinden uns in der Gesellschaft von Engeln, während wir in unserem physischen Körper leben, sogar wenn uns dies nicht bewusst ist. Nachdem wir von unserem physischen Leib erlöst sind, gesellen wir uns zu den Engeln." Da sie die menschliche Rasse repräsentieren, gäbe es „Engel in zwei Geschlechtern im Himmel". Auch würden Engel heiraten, ihre Vereinigung sei jedoch nicht physischer Natur, sondern die Einheit zweier Seelen.

Swedenborg besuchte mehrmals London, wo er mit 84 starb. Seine Anhänger gründeten dort 1787 die New Jerusalem Church oder New Church. Diese auf seinen Glaubenssätzen beruhende Kirche besitzt heute weltweit Anhänger.

WILLIAM BLAKE

William Blake behauptete sein ganzes Leben, mit vielen der Engel und anderen Geistwesen zu sprechen, die seine visionären Werke auszeichnen.

Der englische Künstler, Dichter und Visionär William Blake (1757–1827) wurde in London geboren, wo er auch die meiste Zeit seines Lebens verbrachte. Mit 14 begann er eine Lehre als Kupferstecher. Zu jener Zeit hatte er, wie er später schrieb, schon längst Visionen von Engeln und anderen Wesen erlebt. Im Alter von zehn Jahren soll er seinem Vater erzählt haben, er sähe Engel in einem Baum. Diese Engelsvisionen hielten sein ganzes Leben lang an. Er behauptete, sich mit dem Engel Gabriel, der Jungfrau Maria sowie mit gespensterhaften Mönchen, Geistern, Teufeln und historischen Figuren zu unterhalten.

Blakes Sicht des Engelreichs war von Swedenborg beeinflusst, der einige Zeit in London gelebt hatte. In *Die Hochzeit von Himmel und Hölle* (1790) erklärt Blake in Anlehnung an die Auferstehung: „Und siehe! Swedenborg ist der am Grab sitzende Engel, seine Schriften sind die gefalteten Leintücher." Blake kritisierte jedoch auch Aspekte von Swedenborgs Lehren. Er glaubte beispielsweise nicht, dass Engel sich aus menschlichen Wesen entwickelten: Für ihn war der Engel ein Symbol der geistigen Welt, eine eigene Kategorie der Schöpfung. Ein weiterer Einfluss auf Blakes Engelsbegriff war das wiederentdeckte Buch Henoch, vom dem eine Kopie 1773 ihren Weg von Äthiopien nach London fand. Blake illustrierte Engel von Henoch

„Engel sind nicht deswegen Engel, weil sie heiliger sind als Menschen oder Teufel, sondern weil sie nicht voneinander, sondern nur von Gott allein Heiligkeit erwarten."

Die Hochzeit von Himmel und Hölle

sowie den Propheten selbst. *Die Hochzeit von Himmel und Hölle* ist typisch für Blakes radikale Vorstellungen von der göttlichen und spirituellen Welt. In diesem Werk versuchte er das, was er als „aktive" Energie der Hölle sah, mit der „passiven" Himmelsenergie zu vereinen. Für ihn waren Engel und Teufel oder gefallene Engel komplementäre Kräfte im Universum: „Denn alles, was lebt, ist heilig." Sowohl in *Die Hochzeit von Himmel und Hölle* als auch in Blakes anderen prophetischen Büchern *Das Buch von Thel* (1789), *Amerika* (1793) und *Urizen* (1794) spielen Engel eine wichtige Rolle. In diesen Werken verleiht Blake seinem lebenslangen Interesse am Kampf des kreativen Geistes, seine natürlichen Energien freizusetzen, wie auch seinem Mitgefühl für das menschliche Leid Ausdruck: „Darum halte das Mitleid in Ehren", schrieb Blake in den *Liedern der Unschuld*, „damit du keinem Engel die Tür weist."

UNTEN: Blakes Zeichnung *Ein Engel durch die Sterne schreitend* vermittelt all die Kraft und Dynamik der Himmelswesen, die er so oft in seinen Visionen sah.

DIE SENTIMENTALE DARSTELLUNG VON ENGELN

Im 19. Jahrhundert wurden Engel zu beliebten Symbolen für sentimentale Liebe – eher sanfte Wächter als mächtige Vermittler der Kraft Gottes.

Im Europa und Amerika des 19. Jahrhunderts war unter den Christen kein Rückgang im allgemeinen Engelsglauben zu verzeichnen, da die Existenz von Engeln einen grundlegenden Glaubenssatz des Christentums darstellte – Engel erscheinen tatsächlich viel häufiger im Neuen als im Alten Testament. Jedoch hatte die fortschreitende Ära wissenschaftlicher Entdeckung, die als das „Zeitalter der Vernunft" oder „Aufklärung" bekannt ist, eine rationale Erklärung des Kosmos propagiert. Daher wurde das Studieren des Engelreichs von den religiösen Gelehrten weniger ernst genommen. So Engel überhaupt studiert wurden – im Gegensatz zu esoterischen Zirkeln wie den Swedenborg-Anhängern –, dann für gewöhnlich in rein biblischem Kontext.

Außerhalb der Wissenschaft erfreuten sich Engel im 19. Jahrhundert jedoch neuer symbolischer Beliebtheit, da mit der Romantik ein religiöser Aufschwung Hand in Hand ging. Weil sie glaubten, die Vernunft hätte wenig zum Wohl der Menschheit beigetragen, versuchten die Romantiker, die Gefühle direkter über das Anregen von Empfindungen anzusprechen. In Folge wurde das Engelsbild zunehmend sentimentaler. Engel erschienen eher als Schutzengel von Kindern, Kranken und Unglückseligen denn als Ehrfurcht gebietende Boten der göttlichen Macht. Die Abbildungen von Engeln im 19. Jahrhundert ähneln stark jenen der Renaissance und des Barock. Wie ihre Vorgänger im Barock stellten die Maler und Bildhauer des 19. Jahrhunderts Engel oft als Kinder dar, die den geflügelten Cupiden der klassischen Mythologie glichen. So trugen die heiter kindlichen „Cheruben" oder Putten oft auch Pfeil und Bogen, die Merkmale Cupids. Diese hatten nicht mehr viel mit den furchteinflößenden Cherubim oder den majestätischen, lichtgekleideten Boten der Bibel zu tun.

Engel auf Grabsteinen und Grabmälern des 18. Jahrhunderts wurden oft durch einen geflügelten Cherubskopf dargestellt, während die Trauernden des 19. Jahrhunderts sorgsam gemeißelte Ganzkörperskulpturen (teils in Lebensgröße) von Engeln vorzogen. Diese erschienen manchmal in Gestalt von Cherubim oder, besonders im späten 19. Jahrhundert, von „erwachsenen" Engeln, wie sie die berühmten Friedhöfe dieser Zeit in London und Paris zieren. Ein sich über das Grab neigender Engel mit herabhängenden Flügeln war sowohl dekorativ als auch symbolisch. Er versinnbildlichte, dass das vorbildliche christliche Leben des Verstorbenen ihm einen Platz im Himmel eingebracht hatte, und tröstete somit die Zurückgebliebenen, dass der geliebte Mensch in einer besseren Welt weilte.

Engel waren auf Kindergräbern sehr beliebt, besonders in einem Zeitalter, wo die Kindersterblichkeit sehr hoch war und fast jede Familie traf. Dies spiegelt auch die Beliebtheit der Bibelszene wider, wo Jesus die Kinder zu sich ruft und in Matthäus 18,10 die Worte spricht: „Sehet zu, dass ihr nicht jemand von diesen Kleinen verachtet. Denn ich sage euch: Ihre Engel im Himmel sehen allezeit das Angesicht meines Vaters im Himmel."

OBEN: ***Unter den Flügeln eines Engels*** **von William Strutt (1825–1915) ist eine typische Darstellung des 19. Jahrhunderts von Engeln als Hüter der Kinder.**

ENGELSERSCHEINUNGEN IM 19. UND 20. JAHRHUNDERT

Im Laufe des 19. und 20. Jahrhunderts wurde von verschiedensten Orten wie Amerika und China – und sogar von den Schlachtfeldern des Ersten Weltkriegs – von Engelserscheinungen und Visionen berichtet.

In Palmyra im Bundesstaat New York berichtete 1823 der 18-jährige Joseph Smith von seiner Vision eines Engels namens Moroni. Der Engel erzählte ihm, dass ein verlorener Stamm Israels nach Amerika ausgewandert wäre und die goldenen Gesetzestafeln dort vergraben hätte. Moroni führte Smith auf einen Hügel in Massachusetts, wo er die Platten fand, und befahl ihm, eine Kirche auf Basis dieser Lehren zu gründen. Die Platten wurden in das *Buch Mormon* (1830) übersetzt, was allmählich zur Gründung der neuen Kirche in Utah führte.

LINKS: *Warum die Lebenden unter den Toten suchen* vom amerikanischen Illustrator Howard Pyle (1853–1911), der, in seiner Jugend vom Theater beeinflusst, in seinem Werk dramatische Wirkung erzielen wollte.

1848 erwachte die 25-jährige Marietta Davis aus einem neuntägigen Koma in Berlin, New York State, und erklärte, ihre Seele wäre in den Himmel aufgestiegen und hätte einen Engelschor und aufgestiegene Menschen gesehen und sogar christliche Gesänge gehört. Ebenso hätte sie das „Kinderparadies“ gesehen, wo ein Kinderchor Lobgesänge zu Harfenklängen gesungen hätte.

William Booth (1829–1912), der 1877 die Heilsarmee gründete, berichtete von dem Besuch eines Engels, der sich in seiner Schönheit kaum beschreiben ließ, außer dass „er zugleich irdisch und himmlisch“ und sein Gesicht „ein sonnenerleuchtetes Fenster, durch das ich in die Tiefen seiner reinen gütigen Seele blicken konnte“, gewesen sei.

Im August 1914, kurz nach Ausbruch des Ersten Weltkriegs, kam die Geschichte in Umlauf, dass die britischen Truppen auf ihrem Rückzug von Mons in Belgien von einem riesigen, leuchtenden Engel am Himmel geschützt worden wären. Laut einem Augenzeugenbericht waren es „drei Gestalten, eine in der Mitte, die gespreizte Flügel zu haben schien, die anderen beiden etwas kleiner ... Sie schienen lange, lose, golden leuchtende Gewänder zu tragen.“

Sadhu Sundar Singh (1889–1929), ein zum Christentum konvertierter Sikh, erfuhr Besuche im Himmel, wo ihm spirituelle Wahrheiten gelehrt wurden. Ein Engel erzählte ihm, dass die Menschen zwei Körper hätten. Er schrieb: „Ein Engel sagte mir, der Körper, den wir sehen, ist die Seele oder der spirituelle Leib, der besessen wird, solange er in einem Tempel aus Fleisch auf Erden weilt.“

Von den 20er Jahren bis 1949 arbeitete der amerikanische Missionar H. A. Baker mit chinesischen Waisen in seiner Misson in Kunming, in der Provinz Yunnan. Während dieser Zeit berichteten viele Waisen von Engelsvisionen, die Bakers Buch *Visions beyond The Veil* beschreibt.

„Die mittlere Figur war viel größer als die anderen beiden und besaß leuchtende Flügel, die die kleineren Figuren zu ihren beiden Seiten zu beschützen schienen.“

Augenzeugenbericht von der Schlacht bei Mons, Erster Weltkrieg

DIE THEOSOPHEN

Unser Verständnis von Engeln wurde vor allem von den Theosophen inspiriert, die als Vorläufer der New-Age-Bewegung gelten.

Die Theosophische Gesellschaft wurde 1875 in Indien von Helena P. Blavatsky und Colonel Henry S. Olcott gegründet. „Theosophie" („Gottes Weisheit") beruhte auf den alten Weisheiten, die Blavatsky und Olcot von östlichen Lehrern erfahren hatten. Wie die „New-Age-Bewegung" verband sie östlichen und westlichen Glauben, speziell Hinduismus, Buddhismus und die Christliche Gnosis.

Die theosophischen Lehren wurden weiterentwickelt und allmählich im Ausland verbreitet, besonders von den Engländern Annie Besant, Alice Bailey und Geoffrey Hodson. Bailey (1880–1949) behauptete, viele ihrer Schriften wären ihr von einem Himmelswesen namens Djwhal Khul diktiert

RECHTS: *Engelskopf* (Detail) wurde 1889 von Vincent van Gogh (1853–1890) gemalt – 14 Jahre nach der Gründung der Theosophischen Gesellschaft.

worden. Diese Lehren beschreiben das „Absolute" oder „Unendliche" als eine allmächtige Kraft, von der sieben „Sub-Strahlen" oder „Botschafter" ausgehen. Jeder Strahl hat eine „intelligente Energie" und einen Erzengel spirituellen Lichts. Diese sieben Typen der göttlichen Energie beeinflussen alles in uns und unserer Umwelt. Drei dieser Strahlen werden primäre Strahlen oder „Aspekt-Strahlen", die restlichen vier „Attribut-Strahlen" genannt. Sie gehören zu den grundlegenden Lehren der Theosophen, die von Bailey in ihrem Buch *The Treatise of the Seven Rays* (1949) genau dargelegt werden.

Ferner entwickelten die Theosophen ein Ideal der „Bruder- und Schwesternschaft", welches darauf abzielt, die Menschheit zur engen Zusammenarbeit mit Engeln anzuregen. Geoffrey Hodson (1886–1983) schrieb seine eigenen Engelserfahrungen nieder, worin er behauptet, diese hätten ihm gezeigt, wie Engel nicht nur mittels Telepathie kommunizierten, sondern auch indem sie ihre Herzen wie eine „erblühende goldene Rose" ausdehnten. Hodsons Werke sind mit Illustrationen versehen, die diese Kräfte als Manifestationen von Farbe und Licht zeigen. Er beschrieb des Weiteren den Besuch eines hochrangigen Engels namens Bethelda, der ihm Anweisungen zur Kooperation mit Engelswesen gab – von den „elementaren" und natürlichen *Devas* bis zu den Erzengeln, Cherubim und Seraphim, die alle im Dienst von Gott und der Menschheit stehen.

DIE SIEBEN STRAHLEN DER THEOSOPHIE

Primäre Aspekt-Strahlen

1. Strahl Kraft, Wille oder Sinn

2. Strahl Liebe – Weisheit

3. Strahl Aktive, kreative Intelligenz

Attribut-Strahlen

4. Strahl Harmonie durch Konflikt, Schönheit oder Kunst

5. Strahl Konkrete Wissenschaft oder Wissen

6. Strahl Abstrakter Idealismus oder Wissen

7. Strahl Zeremonielle Ordnung oder Magie oder strukturgebendes Ritual

DIE NEW-AGE-BEWEGUNG

Das zunehmende Interesse an Engeln begleitet das New Age – das das weit verbreitete Interesse an alternativen spirituellen Wegen bezeichnet.

Seit der zweiten Hälfte des 20. Jahrhunderts war im Westen ein anhaltender Rückgang der Religion zu beobachten. Diese Zeit wurde auch von einem steigenden Interesse an alternativen Glaubenssystemen, einschließlich östlicher Mystik und Meditation, ganzheitlichen und traditionellen Heilmethoden, Astrologie und Engeln, begleitet. In den 60er Jahren erfuhr dieser „alternative" Trend einen extremen Aufschwung, als berühmte Persönlichkeiten wie John Lennon und George Harrison von den Beatles sich mit östlicher Philosophie und transzendentaler Meditation zu beschäftigen begannen und diese Bewegung in Großbritannen und in der westlichen Welt populär machten.

Bereits in den 1980ern hatte die Tendenz der Menschen, ein breiteres und eklektischeres Spektrum an Inspirationsquellen für ihre eigenen spirituellen Reisen zu suchen, einen Namen: die New-Age-Bewegung, welche generell als eine Verschiebung in Richtung einer größeren Synthese von Körper, Geist und Seele verstanden wird.

Ab den 60er und 70er Jahren stießen Schriftsteller mit Wurzeln in der Theosophischen Bewegung, wie Geoffrey Hodson, erneut auf öffentliches Interesse hinsichtlich ihrer Werke über Engel. Im gegenwärtigen Zeitalter der globalen Medien erfreut sich das Thema Engel zunehmender Beliebtheit und viele von jenen, die mit Engeln arbeiten und darüber schreiben, werden mit persönlichen Berichten von Engelserfahrungen ihrer Leser überschwemmt. Ein großer Teil dieser Schriftsteller und jener, die mit Engelsenergien arbeiten, haben selbst lebensverändernde Erfahrungen gemacht, die sie oft inspirierten, in diesem Bereich als Heiler, Therapeuten oder Lehrer tätig zu werden.

Der „Welt-Engel-Tag" wurde rund um die Welt zu einem jährlichen Treffen für Menschen, die mit Engeln arbeiten. Sein Ziel ist nicht nur, Menschen aller Kulturen und Nationen dazu einzuladen, Engel würdig zu feiern, sondern auch, diese harmonisch in ihrer Aufgabe, den Planeten zu heilen, zu unterstützen. Bislang wird der „Welt-Engel-Tag" in Europa, Amerika, Australien und Süd-Afrika gefeiert.

Eine der Gallionsfiguren der New-Age-Engelsbewegung ist Dorothy Maclean, die 1962 gemeinsam mit Eileen und Peter Cadd, die berühmte Findhorn-Gemeinschaft in Schottland gründete. Indem sie sich der inneren Führung der „Landschaftsengel" und Naturgeister anvertrauten, fanden die drei Freunde heraus, dass sie mit der Essenz der Natur kommunizieren konnten, die die Schwelle zur Engelswelt bildet. Dorothy nannte diese Naturgeister *Devas* (Sanskrit für Leuchtende). Sie lehrt die Grundfesten der New-Age-Bewegung. Bei der Arbeit mit Engeln geht es darum, sich mit dem Heiligen zu verbinden, sich mit seinem inneren Wesen zu vereinen und „Intelligenz auf der materiellen Ebene in Handlung umzusetzen".

RECHTS: Dieses Aquarell *Engel über Le Besset* des zeitgenössischen Künstlers Michael Chase spiegelt das erneute Interesse an Engeln wider.

DIE ENGEL IM HIMMEL

Traditionell heißt es, die Anzahl der Engel sei so groß, dass sie unzählbar wäre. Über die Jahrhunderte schufen die Theologen verschiedene Kategorien und Hierarchien im riesigen Engelreich und wiesen den Engeln ein ganzes Repertoire an himmlischen und irdischen Funktionen zu.

LINKS: Mohammeds Paradies aus *Die Geschichte von Mohammed*, einer persischen Handschrift aus dem 11. Jahrhundert, zeigt die Engel in den sieben Himmeln.

DIE HIERARCHIEN DES HIMMELS

Um die Funktionsweise des Himmelreichs zu verstehen, versuchten religiöse Denker eine Ordnungsstruktur in der „Gesellschaft" der Engel zu erkennen.

Jedem, der heutzutage Informationen über Engel sucht, sei seine Verwirrung angesichts der Komplexität der Engelreiche und der Wesen, die dort weilen, verziehen. Verschiedene Quellen geben eine unterschiedliche Anzahl von Himmeln an und viele Mitglieder der riesigen Engelsarmee haben austauschbare Namen und Rollen. Alte Schriften, die frühen Kirchenväter und Theologen, sogar Kunsthistoriker – um die verschiedenen Glaubensdoktrinen gar nicht zu erwähnen –, sie alle tragen mit ihren widerstreitenden Meinungen hinsichtlich der Wahrheit über Engel und das Himmelreich zu dieser Verwirrung bei. Zusätzlich zur historischen Konfusion gibt es relativ neue Berichte, wie von der Theosophin Alice Bailey, die behaupten, detaillierte Informationen über die Engelssphären durch Meditation und ihre direkte Verbindung zu spirituellen Wesen erhalten zu haben. Heute steht jedem, der versucht, mehr über Engel zu erfahren, eine riesige Menge an Büchern und Webseiten zur Verfügung (von denen man manche nur mit Vorsicht genießen sollte).

„Die Ordnungen schauen allesamt nach oben, nach unten wirken sie, was lebt, mit sich zu Gott erhebend und zu ihm erhoben."

Dante, Die Göttliche Komödie (1306–1321)

Die Bibel liefert einige Hinweise auf die Existenz einer Hierarchie unter den Engeln. Abgesehen von den anonymen Engeln, die wichtige Botschaften von Gott überbringen, gibt es besondere, Cherubim genannte Wesen, die den Zugang zu Eden und die Bundeslade bewachen, wie Ezechiel 10 lebhaft schildert. Dort werden auch die großen Engels-

OBEN: **Gott schafft Eva, aus der Nürnberger Bibel (1483), zeigt Gott und die Erde umgeben von einer Gruppe von Engeln.**

räder beschrieben, die „Throne“ (siehe S. 51) genannt wurden. Jesaja erwähnt die Seraphim, einen anderen, besonderen Engelstypus, der ganz nahe bei Gottes Thron residiert. Sowohl die Apokalypse als auch das apokryphe Buch Tobit erwähnen sieben Wesen, die vor Gott stehen, die allgemein als Erzengel gelten – ein Wort, das im Alten Testament nie und im Neuen Testament nur zwei Mal vorkommt (Judasbrief 1,9 und 1 Thessalonicher 4,16). Andere jüdische und christliche Schriften erwähnen jedoch drei oder sogar vier Erzengel, wogegen die jüdische Kabbalah von zehn Erzengeln am Lebensbaum ausgeht. Der Koran erkennt nur vier Erzengel an.

Die Bibel nennt nur zwei Engel bei ihrem Namen, Gabriel und Michael. Die Namen von zwei weiteren, Raphael und Uriel, finden sich jeweils in den apokryphen Büchern Tobit und Esra. Andere Namen, wie Raguel, gehen auf andere jüdische Schriften wie Henoch zurück. Der einzige, der im Neuen Testament als Erzengel bezeichnet wird, ist Michael (Judasbrief 1,9).

Das Buch Daniel legt nahe, dass es drei „Engelsfürsten“, eventuell Erzengel, gibt, die bestimmten Ländern zugeordnet sind (Daniel 10). Zusätzlich zu den besonderen Engelsvertretern kommen in der Bibel Engel oft als Boten Gottes vor, die manchmal bis ins Detail beschrieben werden.

Der Apostel Paulus fügte noch einige Namen zu der Liste der Engelswesen hinzu, als er den aufgestiegenen Christus als zur Rechten Gottes sitzend beschrieb, erhoben „über alle Reiche, Gewalt, Macht, Herrschaft und was sonst genannt mag werden, nicht allein in dieser Welt, sondern auch in der zukünftigen" (Epheserbrief 1,21). Er schrieb weiter: „Denn in ihm ist alles geschaffen, was im Himmel oder auf Erden ist, das Sichtbare und Unsichtbare, es seien Throne oder Herrschaften oder Reiche oder Gewalten; es ist alles durch ihn und zu ihm geschaffen" (Kolosserbrief 1,16).

Es wurde jedoch auch behauptet, Paulus hätte sich eher auf das irdische Reich bezogen, als er von Thronen, Reichen, Gewalten und Herrschaften sprach, als auf Engel oder Engelreiche. In manchen Übersetzungen des Epheserbriefs 1,21 findet sich „Kräfte" statt „Mächte" – für viele ein Bezug auf positive, moralische Eigenschaften. Die Kirche akzeptierte zwar letztlich, dass Paulus über Engel sprach, es blieb jedoch bei der Diskussion, wie viele Arten von Engeln es gäbe. Um 200 n.Chr. schlug Clemens von Alexandria vor, dass es sieben gäbe, die die Sterne und die vier Elemente – Feuer, Wasser, Erde und Luft – beherrschten. Der erste, der von „neun Engelschören" sprach, war im 4. Jahrhundert der Heilige Ambrosius, der die Orden in Seraphim, Cherubim, Herrschaften, Throne, Fürstentümer, Gewalten, Mächte, Engel und Erzengel einteilte. Ambrosius' Zeitgenosse, der heilige Jeremias, zog dagegen nur sieben Orden vor: die Seraphim, Cherubim, Mächte, Fürstentümer, Throne, Engel und Erzengel.

Zwei Jahrhunderte später fasste Papst Gregor der Große die weit verbreitete Sichtweise so zusammen: „Fast jede Seite der Bibel sagt uns, dass es Engel und Erzengel gibt, und die Bücher der Propheten erzählen uns von den Cherubim und Seraphim. Der heilige Paulus benennt [Fürstentümer, Gewalten, Mächte, Herrschaften und Throne]. Wenn wir diese Liste zusammenfügen ... erhalten wir neun Engelsorden." Gregor teilte die Engel in jeweils drei Dreiergruppen ein: Seraphim, Cherubim, Throne; Herrschaften, Fürstentümer, Gewalten; Mächte, Erzengel, Engel.

Die Anerkennung der neun Engelsorden wurde von einem Buch namens *Himmelshierarchien* (*De Coelesti Hierarchia*) gefördert, das wahrscheinlich im späten 5. Jahrhundert verfasst worden war. Dieses

RECHTS: Ein Detail der musizierenden Engel in *Christus vom himmlischen Hofstaat gepriesen* von Fra Angelico (um 1387–1455).

wurde jedoch lange einem Anhänger von Paulus zugeschrieben, Dionysius Areopagita, einem Richter im Athen des ersten Jahrhunderts nach Christi, der zum Christentum konvertiert war, nachdem er die Predigt von Paulus gehört hatte (aufgezeichnet in der Apostelgeschichte 17). Die angenommene Verbindung zu Paulus verlieh dem Autor Autorität. In späteren Jahrhunderten, als die Identität des Autors angezweifelt wurde, wurde er „Pseudo-Dionysius" (Falscher Dionysius) getauft.

Was auch immer seine genaue Identität sein mag, Pseudo-Dionysius war ein wahrer Bibelgelehrter und eindeutig von den Paulusbriefen inspiriert. *Himmelshierarchien* behauptet, ein Bericht von der Himmelsvision des Paulus zu sein, die der Apostel dem frisch Konvertierten beschrieben hätte. Die Reiche der Engel sind in neun „Chören", die den Thron Gottes umgeben, organisiert. Pseudo-Dionysius teilte diese in drei Gruppen ein: Seraphim, Cherubim, Throne; Herrschaften, Gewalten, Mächte; Fürstentümer, Erzengel, Engel. Diese Ordnung unterscheidet sich leicht von jener von Papst Gregor (siehe S. 78).

Der Autor adoptiert das rabbinische Modell vom Kosmos, in dem Gott sowohl Zentrum als auch höchster Punkt ist. Die den Ehrenthron umkreisenden Engel sind in drei Dreiergruppen oder „Triaden" gegliedert. Diese

LINKS: ***Sitzende Engel mit Weltkugeln in den Händen*** **von Ridolfo di Arpo Guariento (um 1310–1370).**

Himmelswesen strahlen von der Quelle des Lichts und der Liebe in einer dynamischen, sich ständig bewegenden Spirale nach außen, wodurch die innere (höchste) göttliche Energie bis zu den äußeren Rängen der Fürstentümer, Erzengel und Engel, die den Menschen am nächsten stehen, strömt.

Diese Beschreibung der Engel war im Mittelalter äußerst einflussreich. Trotzdem tauchten immer wieder andere Versionen von Engelshierarchien auf, die sieben, neun oder zwölf Engelsorden aufzählten, darunter ungewöhnliche Typen wie „Heiligkeiten", „Feurige", „Erscheinungen", „Gonfalonieri", „Lobpreisende" und „Krieger". Die genaue Anordnung dieser Ränge und deren Anführer war immer wieder Thema einer lebhaften und zeitweilig verwirrenden Debatte. Diese Konfusion war in der christlichen Kirche des 13. Jahrhunderts nahezu beigelegt, als Thomas von Aquin seine *Summa Theologica* verfasste. Aquin akzeptierte Pseudo-Dionysius' Ansatz und fügte hinzu, die Gruppe der Engel würde auch persönliche Hüter für jedes menschliche Wesen miteinschließen.

Im Judentum und Islam finden sich andere Engelsreihen. Im Judentum gibt es zwei wichtige Aufstellungen mit jeweils zehn Orden. Die erste wurde von dem berühmten Rabbi und Gelehrten Moses Maimonides im 12. Jahrhundert erstellt. In absteigender Ordnung lautet diese: *Hayyoth ha-Qadesh* (Himmelswesen); *Ophanim*; *Erelim*; *Hashmalim*; *Seraphim*; *Malachim*; *Elohim*; *Bene Elohim*; *Cherubim*; *Ishim*. Es ist nicht leicht, diese Namen zu übersetzen, und fast unmöglich, diese den Engeln in den christlichen Hierarchien gegenüberzustellen. Die *Hamshalim* werden oft mit den Herrschaften verglichen, die *Ophanim* oder *Erelim* mit den Thronen und die *Malachim* mit den Mächten. Eine zweite Liste findet sich in dem mystischen jüdischen Werk, dem Sohar, dem heiligen Text der Kaballah (siehe S. 96): *Malachim*; *Erelim*; *Seraphim*; *Hayyoth*; *Ophanim*; *Hashmalim*; *Elim*; *Elohim*; *Bene Elohim*; *Ishim*.

Einige Hinweise im Koran und Hadith (Schriften über den Propheten) regten die islamische Einteilung der Engel an: Thronträger (*Hamalat al-'Arsh*); Cherubim (*Karibuyin*); Engel der sieben Himmel; Schutzengel; dienende Engel; reisende Engel (*Sayahun*); gewöhnliche Engel. Der Koran erkennt vier Erzengel an, benennt jedoch nur zwei davon, Jibril (Gabriel) und Mikha'il (Michael). In der islamischen Tradition werden die anderen beiden Azrael und Israfel genannt.

DIE TRIADEN

Die Einteilung von Pseudo-Dionysius in neun Engelschöre basierte auf der heiligen Zahl Drei und bildete drei Triaden bzw. Dreiergruppen.

Laut Pseudo-Dionysius emanieren Gedanken von Gott in Form von reiner Weisheit und Licht. Diese Energie wandert die Himmelsspirale zur Engelstriade hinab, die Gott am nächsten steht und Gottes Vollkommenheit oder, genauer gesagt, brennende Liebe, strahlendes Licht und ewige Heiligkeit repräsentiert. Die Energie läuft weiter zur zweiten Triade, die Gottes Majestät über die Schöpfung darstellt: grenzenlose Macht, unwiderstehliche Kraft und ewige Gerechtigkeit. Die dritte Triade steht dem Reich der Menschen am nächsten. Sie steht für die äußeren Handlungen Gottes: weise Regentschaft, sublime Erleuchtungen und kontinuierliche Manifestation göttlicher Güte.

RECHTS: *Die Gottheit, von der die neun Sphären ausgehen* von William Blake (1757–1827), ordnet die Engel unter Gott an.

PSEUDO-DIONYSIUS' HIMMELSHIERARCHIEN

Höchste Triade	Mittlere Triade	Niedrigste Triade
1. Seraphim	4. Herrschaften	7. Fürstentümer
2. Cherubim	5. Mächte	8. Erzengel
3. Throne	6. Gewalten	9. Engel

DIE ERSTE TRIADE

Die erste oder höchste Triade besteht aus den Engeln, die Gott am nächsten sind: Seraphim, Cherubim und Throne.

Die Seraphim oder Seraphen werden allgemein als der höchste Engelsorden anerkannt. Ihr Name bedeutet im Hebräischen die „Brennenden". Sie sind Gottes höchste Diener, die ihm helfen und ihn preisen. Die einzige Referenz auf die Seraphim in der Bibel findet sich in Jesaja 6, wo der Prophet die Seraphim als Wesen mit sechs Flügeln beschreibt: „Mit zweien deckten sie ihr Antlitz, mit zweien deckten sie ihre Füße, und mit zweien flogen sie." Die Seraphim stehen über Gottes Thron und rufen einander in einem endlosen Lobgesang zu: „Heilig, heilig, heilig, ist der Herr Zebaoth, alle Lande sind seiner Ehre voll."

Die Cherubim sind die ersten Engel, die in der Bibel erscheinen, als sie von Gott dazu eingesetzt

RECHTS: Himmel in *Das letzte Gericht* (Detail) von Fra Angelico (um 1387–1455). Die Kunst zeigt die Seraphim normalerweise in rotem Gewand.

werden, Adam und Eva nach ihrer Vertreibung die Rückkehr nach Eden zu verweigern (Genesis 3, 24). Das Bild der Cherubim, das die Heilige Schrift vermittelt, unterscheidet sich krass von den pausbäckigen geflügelten Infanten, zu denen sie in der europäischen Kunst werden. Ihr Name leitet sich von den assyrischen *Karibu* ab (siehe S. 26), Ehrfurcht gebietende geflügelte Geister, die menschliche Antlitze, den Körper eines Löwen oder Stiers und Adlerflügel tragen konnten. Die Cherubim werden in Ezechiel 10 im Detail als „vier Lebewesen" mit vier Flügeln und vier Gesichtern, die den Thron Gottes trugen, beschrieben. Offenbarung 4,8 beschreibt sie mit sechs Flügeln. In Exodus 25 bewachen zwei Cherubimbilder die Bundeslade.

Der heilige Augustinus sagte, die Cherubim wären „der Sitz der Ehre Gottes", der heilige Gregor nannte sie die „Fülle von Gottes Wissen". Im rabbinischen und mystischen Judentum gelten sie als Wagenlenker Gottes. Laut dem Sohar stützen sie das Universum. Christliche Mystiker deuteten sie als Wächter der Fixsterne. Als ihre Anführer galten drei Engel namens Ophaniel, Rikbiel und Zophiel.

So wie die Cherubim als Wagenlenker Gottes bezeichnet wurden, so wurden die Throne als die Wagen selbst gesehen. Sie sind auch als *Ophanim* oder *Galgalim* bekannt, was als „Räder" übersetzbar ist. In Ezechiels Vision werden sie als strahlende Himmelsräder, deren Rand mit Augen übersät ist, beschrieben. In der katholischen Tradition nehmen sie den Übergangsbereich zwischen den rein spirituellen und materiellen Welten ein. Ihr Anführer ist ein Engel, der abwechselnd Oriphiel, Zabkiel oder Zaphiel genannt wird.

„Die Räder [Throne] waren anzuschauen wie ein Türkis und waren alle vier gleich, und sie waren so gemacht, dass ein Rad im anderen war. . . . Und sie hatten Felgen, und ich sah, ihre Felgen waren voller Augen ringsum bei allen vier Rädern."

Ezechiel 1,16 und 18

DIE ZWEITE TRIADE

Die zweite oder mittlere Triade setzt sich aus drei Engelsorden zusammen, die Herrschaften, Tugendmächte und Gewalten genannt werden.

Die Hauptquelle für die Existenz von Engeln namens Herrschaften, Tugendmächte und Gewalten ist der Brief von Paulus an die Epheser (1,21), obwohl er Herrschaften und Gewalten auch in seinem Brief an die Kolosser (1,16) erwähnt.

Die vierten in der Himmelshierarchie, die Herrschaften, werden auch „Dominationes" oder „Engel der Herrschaft" genannt. Pseudo-Dionysius bezieht sich auf sie als die „wahren Herren", da sie die Aufgabe haben, die Pflichten der niedrigeren Engel zu regeln und die Befehle Gottes, die sie wiederum von den Seraphim und Cherubim erhalten, weiterzuleiten.

Die Herrschaften garantieren, dass die Ordnung im Universum aufrechterhalten wird. Durch diese Engel manifestiert sich Gottes Majestät, obwohl sie nur selten menschlichen Wesen in physischer Gestalt erscheinen. In der Engelsspirale sind sie eng mit den Seraphim in der Triade über ihnen verbunden und reflektieren die Liebe der Seraphim auf die Fürstentümer in der untersten Triade. Verschiedene Traditionen identifizieren einen Engel als Anführer der Herrschaften, der manchmal Hashmal oder Zadkiel genannt wird.

Der zweite Engelschor der zweiten Triade, die Tugendmächte, nimmt den Mittelpunkt der Engelshierarchie ein. Die Tugendmächte herrschen über die Bewegung der Sonne, des Mondes und der anderen Himmelskörper und werden manchmal die „Leuchtenden" genannt. Sie sind außerdem für Wetterphänomene wie Wind, Regen und Schnee verantwortlich und bringen Mut und Heldentum. Es heißt traditionell, dass die zwei Männer „in weißen Gewändern", die den Aposteln erscheinen, als Christus in den Himmel fährt (Apostelbriefe 1,10), zum Orden der Tugendmächte gehörten, so wie der Schutzengel der Kinder, den Jesus in Matthäus 18,10 erwähnt. Michael gilt manchmal als Anführer der Tugendmächte sowie als Heerführer der Erzengel.

Die Gewalten verteidigen das Universum und die Menschheit gegen die Mächte des Bösen. Sie wachen über die Pfade zwischen Erde und Himmel und stellen sicher, dass die Seelen der Toten wohlbehalten in den Himmel gelangen. Daher werden sie auch mit den Schicksalskräften assoziiert. Die Gewalten sind wohl die ambivalenteste unter den Gruppierungen der Engel. Sie wurden deutlich mit dem Dunklen verbunden und in seinem Epheserbrief (6,12) deutet Paulus an, dass sie bösartig seien. Man könnte sie mit dem ägyptischen Gott Seth vergleichen, der zwar einen Unheil verheißenden und gefürchteten Gott über Chaos und Dunkelheit darstellte, nichtsdestotrotz der einzige Gott war, der stark genug war, die Angriffe der üblen Kräfte, die den Kosmos zerstören wollten, abzuwenden. Die Tradition will es, dass die Gewalten die ersten Engel waren, die geschaffen wurden – und dass mehr Engel aus dieser Gruppe als aus allen anderen (mit Luzifer) zu gefallenen Engeln wurden (siehe S. 103).

Der Herrscher der Gewalten ist entweder Camael oder Samma'el (Samael). Beide sind Engel der Dunkelheit, besonders Samma'el, der in einigen nicht biblischen Schriften als Todesengel auftaucht, einer Funktion, die manchmal als „Gottes Gift" bezeichnet wird. In rabbinischen Schriften spielt Samma'el eine wichtige Rolle als der Anführer böser Engel, während ihn ein christliches Werk, die *Apokalypse von Daniel* (9. Jh.), als Antichrist selbst sieht.

OBEN: *Die Himmelsarmee* von Ridolfo di Arpo Guariento (um 1310–1370). Man glaubte, dass der Erzengel Michael eine solche Legion in die Schlacht gegen das Böse leitete.

DIE DRITTE TRIADE

Die dritte oder niedrigste Triade steht der Menscheit am nächsten und umfasst die Fürstentümer, Erzengel und Engel.

In der Hierarchie von Pseudo-Dionysius ist die Energie der Gottesliebe in den höheren Rängen der Engel, die der göttlichen Quelle am nächsten stehen, am stärksten und wird bei ihrem Lauf entlang der Spirale hinab ins menschliche Reich immer schwächer. Trotzdem sind die Engel in der untersten Triade noch immer herrliche und mächtige Wesen. Die Kraft der Fürstentümer, der höchsten Schar dieser Triade, ist so bedeutend, dass sie nicht in menschlicher Gestalt verkörpert oder nach menschlichen Maßstäben gemessen werden könnte. Diese Engel wachen über Länder und Städte und sind Hüter der Religion. Wie bei den Gewalten in der zweiten Triade deutet Paulus auf einen dunklen Aspekt dieses Ordens hin, als er schreibt, dass Christus „die Fürstentümer und Gewaltigen ihrer Macht entkleidet hat" (Kolosserbrief 2,15).

Die Engel, welche der Menschheit am nächsten stehen und am häufigsten mit unserer Welt interagieren, sind die Erzengel und Engel. Erzengel sind die wichtigsten Boten für die Erde, die höchsten Mittler zwischen Gott und den Menschen. Pseudo-Dionysius nennt sie „Boten, die göttliche Dekrete überbringen". Der Begriff Erzengel ist ziemlich zweideutig, da sie, obwohl sie in der gesamten

OBEN: ***Die Jungfrau und das Kind mit Johannes dem Täufer und den drei Erzengeln: Raphael, Gabriel und Michael* von Sebastiano Mainardi (1460–1513).**

Hierarchie relativ niedrig stehen, auch als „hohe Fürsten", Engel mit einer besonders engen Beziehung zum Göttlichen, angesehen werden. Die „sieben Engel, die vor Gott stehen" (Offenbarung 8,2) werden allgemein als die sieben Erzengel gedeutet, die Pseudo-Dionysius Michael, Gabriel, Raphael, Uriel, Chamuel, Jophiel und Zadkiel nennt. (Dies sind die Erzengel, mit denen wir im zweiten Teil arbeiten werden.) In anderen Quellen schwankt die Zahl zwischen zwölf und vier. Michael gilt als Haupt der Erzengel, manche Quellen erwähnen ihn jedoch auch als Anführer des Ordens der Mächte. Die Engel der Gewalten bekämpfen das Böse in der Welt, doch Michael ist Befehlshaber über die himmlischen Heerscharen, der „Anführer der Söhne des Lichts". In der jüdischen Tradition ist er der „Vizekönig des Himmels".

„Gewöhnliche" Engel stehen der Erde von allen Engeln am nächsten und sind Vermittler zwischen der irdischen und der himmlischen Welt. Sie nehmen sich stark des Lebens von einzelnen menschlichen Wesen an und fungieren als persönliche Führer, Behüter sowie spirituelle Helfer. Engel schützen Menschen vor Angriffen der dunklen Mächte und achten darauf, dass deren Gebete zu Gott gelangen.

SCHWINGUNGEN VON ENGELN FÜHLEN

New-Age-Denker beziehen sich seit geraumer Zeit auf etwas, das sie „Schwingungsfrequenzen", die jedes Wesen besitzt, nennen. Um mit dem Reich der Engel in Kontakt zu treten, heißt es, müssen wir unsere eigenen, langsameren menschlichen Energieschwingungen auf die feineren und höheren Frequenzen der Engel einstellen – so wie man einen Radiosender einstellt. Es heißt weiter, die Seraphim in der höchsten Triade in der Engelshierarchie besäßen die höchste Schwingungsfrequenz unter den Engeln, da sie die reine Schöpfungskraft Gottes beinhalten. Das Schwingungsniveau der Cherubim ist etwas niedriger. Dies setzt sich entlang der Hierarchie weiter so fort. Die Throne oder Ophanim bevölkern angeblich jene Himmelsregion, wo die Dinge beginnen, materielle Form anzunehmen.

Die Quantenphysik hat interessanterweise bewiesen, dass alle Existenzformen – das heißt alle Atome – eine tatsächlich messbare Schwingungsfrequenz haben. Kürzlich wurde bewiesen, dass dies nicht nur auf sichtbare physische Formen zutrifft, sondern auch auf energetische Formen, die für das menschliche Auge unsichtbar sind. Könnte so die Wissenschaft letztlich nicht doch die Existenz der spirituellen Welt beweisen?

ENGEL IM TIERKREIS

Es gibt Engel des Tierkreises, der Jahreszeit, des Monats, des Tages und sogar der genauen Stunde, die über die Geburt jedes Menschen walten.

Das Wissen um Engel hat sich über mehr als zweitausend Jahre entwickelt und in dieser Zeitspanne haben Mystiker und Denker hunderte von Engeln benannt. Man teilte Engel nicht nur in Hierarchien ein, sondern ordnete auch einzelnen Engeln spezielle Funktionen zu. Schon im Mittelalter waren die zuständigen Engel für jede Stunde des Tages, jeden Tag der Woche, jeden Monat des Jahres und auch jede der vier Jahreszeiten identifiziert und benannt worden. Es gab auch Engel für die sieben wichtigsten Himmelskörper (siehe Übersicht links). Sogar jeder der 28 Mondphasen wurde ein eigener Engel zugeordnet. In vielen Fällen ersetzten diese zugeordneten Engel die heidnischen Götter und Göttinnen, die zuvor über diese Naturphänomene regiert hatten. So ersetzte Michael den Gott Merkur (Hermes) als Engel des Planeten Merkur und des Wochentags Mittwoch.

Das Erste Buch Henoch besagt, dass Gott dem Erzengel Uriel die Befehlsherrschaft über die Bewegungen aller Sterne und Planeten übertrug, und es war natürlich, dass Engel schon von früher Zeit an

DIE ERZENGEL DER HIMMELSKÖRPER

Sonne: Raphael

Merkur: Michael

Venus: Aniel/Haniel

Mond: Gabriel

Mars: Samma'el, Chamael/Chamuel

Jupiter: Zadkiel

Saturn: Kaphziel/Zaphiel

DIE ENGEL IM TIERKREIS

Jedes Tierkreiszeichen wird von einem Erzengel regiert, der als ein Archetypus der Eigenschaften all jener unter diesem Zeichen Geborenen angesehen wird. Die untenstehende Übersicht führt die Erzengel neben der essenziellen Aktivität oder dem Zustand, der mit ihnen assoziiert wird, an. Die Namen der Engel im Tierkreis variieren gemäß der verschiedenen Quellen. So wird der Engel für Widder manchmal auch Malahidael und jener von Steinbock und Wassermann teils auch Hanael und Gabriel genannt.

Sternzeichen	Kalenderperiode	Erzengel	Archetypus
Widder	21. März – 20. April	Saraqael	Ich bin
Stier	21. April – 20. Mai	Asmodel	Ich werde
Zwilling	21. Mai – 21. Juni	Ambriel	Ich fließe
Krebs	22. Juni – 22. Juli	Cael	Ich erschaffe
Löwe	23. Juli – 23. August	Zerachiel	Ich herrsche
Jungfrau	24. August – 23. September	Vael	Ich versorge
Waage	24. September – 23. Oktober	Zuriel	Ich besänftige
Skorpion	24. Oktober – 22. November	Barbiel	Ich heile
Schütze	23. November– 21. Dezember	Adnachiel	Ich ermutige
Steinbock	22. Dezember– 20. Januar	Orphiel	Ich ordne an
Wassermann	21. Januar – 19. Februar	Cambiel	Ich treibe an
Fische	20. Februar – 20. März	Barchiel	Ich liebe

mit der Astrologie assoziiert wurden. Jedem einzelnen der zwölf Sternzeichen wird ein Engel zugeordnet (siehe Übersicht auf Seite 91).

An dem Tag, an dem ein Mensch geboren wird, sind mehrere Engel gleichzeitig aktiv. So wie der Mond einen ihn regierenden Engel und 28 „Unter"-Engel für jede seiner Phasen besitzt, so haben auch die Erzengel des Tierkreises jeweils sechs „Unter"-Engel, die für eine fünf- oder sechstägige Zeitspanne zuständig sind. Jeder dieser 72 Engel verkörpert Qualitäten, die mit dieser speziellen Zeit des Tierkreismonats verbunden werden.

So sollen unter dem Erzengel für Steinbock, Orphiel (oder Hanael), die folgenden Engel wirken: Mebahiah, Poiel, Nemahiah, Ieilael, Harahel und Mitzrael. Menschen, die zwischen dem 22. und 26. Dezember geboren sind, also am Anfang des Zeichens Steinbock, stehen unter dem Einfluss von Mebahiah, von dem es heißt, er fördere ein starkes moralisches und religiöses Empfinden und stünde jenen bei, die Kinderwünsche hegten. Jenen, die zwischen dem 11. und 15. Januar, also am Ende des Zeichens Steinbock geboren sind, steht der Engel Harahel vor, der die Aufnahmebereitschaft für Wissen und neue Ideen begünstigen soll.

Zusätzlich dazu besitzt jeder Monat seinen eigenen Engel (siehe Übersicht rechts). Daher stünde ein im Dezember geborener Steinbock unter dem Einfluss von Hanael (der auch ein Monatsengel ist), während Januar-Steinböcken Gabriel vorsteht.

Es kann sogar noch komplizierter werden, da es auch Erzengel für die Wochentage gibt: Gabriel (Montag), Khamael (Dienstag), Michael (Mittwoch), Tzaphiel (Donnerstag), Hanael (Freitag), nochmals Tzaphiel (Samstag) und Raphael (Sonntag). Außer Gabriel dient jeder Erzengel auch als der Stellvertreter eines anderen: So ist am Mittwoch Raphael Michaels Stellvertreter, während es am Sonntag umgekehrt ist, und so weiter. Einer der sieben Engel steht auch jeder Stunde des Tages und der Nacht vor.

Zusätzlich zu alledem wird jedes Tierkreiszeichen mit einem der vier Elemente verbunden (Erde, Feuer, Wasser und Luft), die natürlich auch alle ihre eigenen Engel besitzen, das heißt die mehrfach belegten Engel Uriel oder Auriel, Raphael, Michael und Gabriel. Des Weiteren gibt es Engel für die vier Jahreszeiten: Spugliguel (Frühling), Torquaret (Sommer), Tubiel (Herbst) und Attarib (Winter).

DIE ERZENGEL DER MONATE

Die Erzengel für die Monate sind unten aufgelistet. Sie werden bemerken, dass diese nicht genau mit jenen, die in der Übersicht auf Seite 91 erscheinen, übereinstimmen, da die Kalendermonate jeweils zwei Sternzeichen beinhalten. Ferner entwickelten sich zahlreiche alternative Systeme über die Jahrhunderte, was die Tatsache widerspiegelt, dass Engel vieler Dinge mächtig sind und zur gleichen Zeit an unterschiedlichen Orten sein können.

Monat	Erzengel	Sternzeichen
Januar	Gabriel	Steinbock/Wassermann
Februar	Barchiel	Wassermann/Fische
März	Malchidiel	Fische/Widder
April	Asmodel	Widder/Stier
Mai	Amriel	Stier/Zwilling
Juni	Muriel	Zwilling/Krebs
Juli	Verchiel	Krebs/Löwe
August	Hamaliel	Löwe/Jungfrau
September	Zuriel oder Uriel	Jungfrau/Waage
Oktober	Barbiel	Waage/Skorpion
November	Adnachiel oder Advchiel	Skorpion/Schütze
Dezember	Hanael oder Anael	Schütze/Steinbock

La chair
vous viuez selon la chair
vous mourez · Rom · 8 · 13
Arbres fleirissans sans fruicts deux

DIE ENGEL DES LEBENSBAUMS

Die Visionen der biblischen Propheten führten zu vielen Spekulationen in der jüdischen Überlieferung über die Natur der Engel, ihre Beziehung zu Gott und den Menschen und ihre himmlische Heimat. Die Untersuchungen in der Tradition der Merkabah und Kaballah faszinieren nach wie vor viele, die esoterisches Wissen über Engel suchen.

LINKS: Diese französische Darstellung (16. Jh.) vom *Baum der Erkenntnis von Gut und Böse* (Künstler unbekannt) zeigt Engels- und Teufelsfiguren, die über die jeweilige Seite des Baums herrschen.

DIE ENGEL DER MERKABAH UND DER KABBALAH

Jüdische Mystiker glaubten mit Hilfe von Engeln und dem richtigen esoterischen Wissen zur Gegenwart Gottes emporsteigen zu können. Diese Vorstellung findet ihre raffinierteste Form im Lebensbaum der Kaballah.

Die Merkabah ist sprichwörtlich der herrliche Thronwagen Gottes. Die Merkabah-Mystik wurde durch die Visionen von Ezechiel und anderen biblischen Propheten sowie die Tradition von Henoch, einem großen Propheten, der in den Himmel emporgehoben wurde, inspiriert. Ein Hauptaspekt der mystischen Merkabah-Tradition liegt auf der besonderen Betonung der Engel, die fortwährend Gottes Thron umkreisen und diesen lobpreisen:

> „Die Cherubim werfen sich vor Ihm nieder und preisen Ihn. Während sie sich erheben, ist eine flüsternde göttliche Stimme zu hören, und dann ein Getöse von Lobpreisungen. Wenn sie ihre Flügel senken, ist eine flüsternde göttliche Stimme zu hören. Die Cherubim segnen das Bild des Thronwagens über dem Firmament und sie lobpreisen die Majestät des leuchtenden Firmaments auf ihrem Ehrensitz. Sobald die Räder näher kommen, kommen und gehen Engel der Heiligkeit. Zwischen Seinen herrlichen Rädern erscheint wie zuvor eine feurige Vision der heiligsten Geister … Die Flüsterstimme des Segnens begleitet das Getöse ihres Vormarschs und sie preisen den Heiligen auf ihrem Rückzug."
>
> *Gesang für den zwölften Sabbat*
> (aus den Schriftrollen vom Toten Meer)

Merkabah-Mystiker behaupteten, die Seele sei himmlischen Ursprungs und es sei daher den Lebenden möglich, in den Himmel emporzusteigen, um die Merkabah zu sehen und sich den Engeln anzuschließen, die diese anbeten. Die Mystiker behielten ihr tiefstes esoterisches Wissen als Geheimnis, es gibt jedoch einen großen Werkskorpus, der aus dieser Tradition entstand. Dieser umfasst Loblieder, von denen es heißt, Engel würden sie am Sabbat vor der Merkabah singen, und die unter den Schriftrollen vom Toten Meer gefunden wurden. Die Rollen gehörten einer alten religiösen Gemeinschaft, die in Qumran in der Judäischen Wüste neben dem Toten Meer lebte. Während dem Krieg der Juden gegen die Römer 66–77 n. Chr. versteckte die Gemeinschaft ihre heiligen Schriftrollen in nahe gelegenen Höhlen, wo diese ab 1947 entdeckt wurden.

Die Qumran-Gemeinschaft wird heute weitgehend mit den Essenern gleichgesetzt, einer strengen jüdischen Sekte, die um die Zeit von Christus in der Judäischen Wüste lebte. Die Schriftrollen zeigen, dass die Merkabah-Spekulation ein wichtiger Bestandteil der Spiritualität der Essener war. Diese sahen sich selbst als das wahre Israel, das von Gott erwählt und schon auf Erden mit den Engeln im Himmel vereint ist. Jeder Gebetsakt und jede Lobpreisung in Qumran wurden gleichzeitig von Engeln im Himmel vor der Merkabah vollzogen.

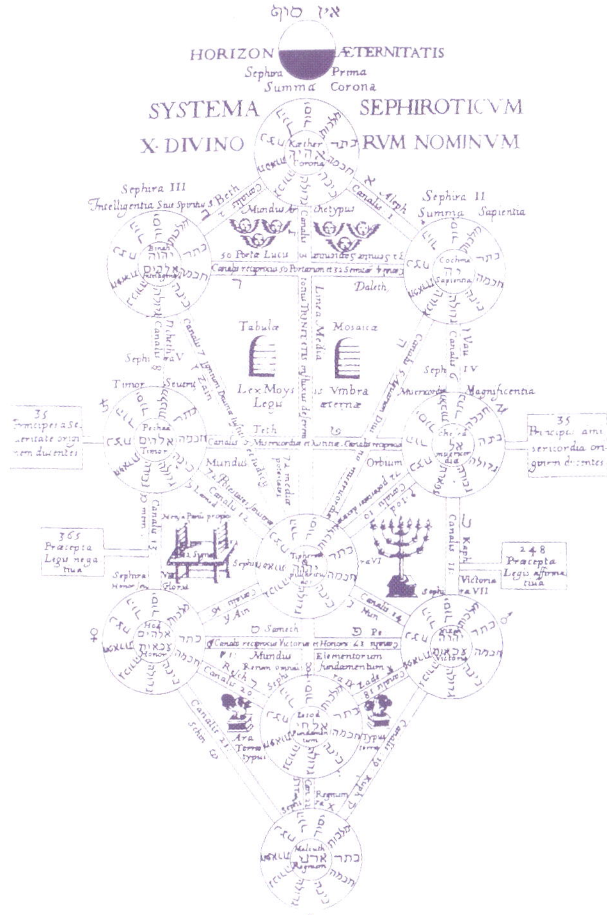

OBEN: Die zehn Sephiroth im Lebensbaum der kabbalistischen Tradition aus dem *Oedipus Aegyptiacus* (1562) nach Athanasius Kirchner zeigen einen Weg zu Gott, wo jedem der zehn Stadien ein Erzengel vorsteht (siehe S. 100-101).

TÄGLICHE ANRUFUNGEN DER MODERNEN ESSENER

Der Aufschwung der Glaubensphilosophie der Essener im 20. Jahrhundert wurde durch Professor Bordeaux Székely, Gründer der *Biogenic Society*, getragen. Die moderne Essener-Andacht beinhaltet folgende Anrufungen. Die „sieben Engel des Himmlischen Vaters", die der Nacht vorstehen, werden bei Sonnenuntergang und die „sieben Engel der Erdmutter", die den Tag überblicken, bei Sonnenaufgang angerufen.

SAMSTAGMORGEN Die Erdmutter und ich sind eins, sie schenkt meinem ganzen Körper die Nahrung des Lebens.

SAMSTAGABEND Engel des ewigen Lebens, steige zu mir herab und gib meiner Seele ewiges Leben.

SONNTAGMORGEN Engel der Erde, durchdringe mein physisches Dasein und regeneriere meinen ganzen Körper.

SONNTAGABEND Engel schöpferischen Arbeitens, steige herab zur Menschheit und gib allen Menschen Fülle.

MONTAGMORGEN Engel des Lebens, durchdringe meine Glieder und schenke meinem ganzen Körper Kraft.

MONTAGABEND Friede, Friede, Friede, Engel des Friedens, sei immer überall.

DIENSTAGMORGEN Engel der Freude, steige auf die Erde herab und verleihe allen Wesen Schönheit.

DIENSTAGABEND Engel der Kraft, steige in meinen Körper herab und leite all mein Handeln.

MITTWOCHMORGEN Engel der Sonne, durchdringe mein Sonnenzentrum und schenke meinem ganzen Körper Lebensfeuer.

MITTWOCHABEND Engel der Liebe, steige in meinen Emotionalkörper herab und reinige all meine Gefühle.

DONNERSTAGMORGEN Engel des Wassers, durchdringe mein Blut und schenke meinem ganzen Körper das Wasser des Lebens.

DONNERSTAGABEND Engel der Weisheit, steige in meinen mentalen Körper herab und erleuchte all mein Denken.

FREITAGMORGEN Engel der Luft, durchdringe meine Lungen und schenke meinem ganzen Körper den Atem des Lebens.

FREITAGABEND Der himmlische Vater und ich sind eins.

Die Essener sahen sich als „Kinder der Rechtschaffenheit", die im Geiste des Lichts wandeln, regiert vom Erzengel Michael, dem Fürsten des Lichts und Engel der Wahrheit. Jeder außerhalb ihrer Gemeinschaft ging im Geist der Finsternis, den Satan, auch Belial genannt, beherrschte. Als wollten sie ihre Reinheit zeigen, kleideten sich die Essener weiß.

Ein anderer wichtiger Merkabah-Text ist das Dritte Buch Henoch (um 500 n. Chr.). Es gibt vor, ein Bericht des berühmten Rabbi Ismael aus dem 2. Jahrhundert über dessen Reise in den Himmel zu sein. Rabbi Ismael durchreist sechs himmlische Paläste, von denen einer jeweils im anderen liegt. Im siebten Palast, der von Engeln bewacht wird, erlaubt der Erzengel Metatron Ismael vor der Merkabah Gottes in den Lobgesang der Engel, die Kedushah aus Jesaja 6, die mit „Heilig, heilig, heilig" beginnt, einzustimmen. Dann enthüllt Metatron Ismael, dass er selbst Henoch ist, der von Gott in den Himmel gehoben und über alle Engel gesetzt wurde. Metatron erklärt, wie und warum Gott ihn in den Himmel holte, und auch die Stadien, wie er zu einem Engel wurde. Metatron beschreibt auch die Engelshierarchien, einschließlich der sieben Erzengel, die die sieben Himmel leiten, und der Engel innerhalb dieser Himmel.

OBEN: Dieses niederländische Medaillon zeigt zwei Engel, die den Lebensbaum bewachen.

Die Merkabah-Mystik inspirierte die jüdische mystische Tradition, die so genannte Kaballah. Das einflussreichste Buch der Kaballah ist das Buch Sohar, das wahrscheinlich von einem spanischen Mystiker namens Moses de Léon (gest. 1305) verfasst wurde. Es enthält geheimes Wisen über Engel und erwähnt oft „das Buch Henoch" – und bezieht sich dabei auf das dritte Buch – und den Engel Metatron, den transformierten Henoch. Die kabbalistische Lehre wird durch den Lebensbaum dargestellt, ein Bild, das der Genesis 2,9 und 3,22–24 entspringt. Dieser Baum findet sich auch in anderen Kulturen als Symbol der Verbindung zwischen den himmlischen und irdischen Reichen.

Der kabbalistische Lebensbaum (siehe S. 99) ist sowohl ein Diagramm der Schöpfung als auch ein „Plan" für die spirituelle Reise eines Initiierten, um die Herrlichkeit Gottes zu sehen. Der Baum steht für die verschiedenen Bewusstseinszustände, die man als Eingeweihter durchlaufen muss. Diese umfassen zehn „Stationen", die Sephiroth (Einzahl: Sephirah) genannt werden, jeweils einen Aspekt Gottes darstellen und einem Erzengel zugeordnet sind. Das Durchlaufen einer Sephirah verlangt das Verständnis dieser Aspekte der Natur Gottes. Die Sephiroth repräsentieren die aufeinander folgenden Emanationen Gottes, die das von ihm geschaffene Universum darstellen. Die schwächste und am weitesten von der göttlichen Quelle entfernte Emanation ist die materielle Welt der Menschen. Über dem Baum ist En Soph, das nicht erklärbare zentrale Mysterium Gottes, das die Sephiroth mit seinem Licht durchdringt. En Soph emaniert zuerst Keter, die Krone, die schöpferische Kraft göttlicher Liebe an der Spitze des Baumes. Diese strahlt dann weiter durch die dazwischen liegenden Sephiroth über 22 vernetzte Bahnen bis zur untersten Sephirah, dem Königtum (Malikut), das die materielle Welt des menschlichen Bewusstseins repräsentiert.

Jeder der zehn Sephiroth, den „Pforten des Lichts", steht ein Erzengel vor, außer Keter und Malkut, die von zwei Engeln geleitet werden, was insgesamt zwölf Erzengel ergibt. Die Erzengel Metatron und Shekinah sind Schirmherren von Keter. Metatron, der Vizeregent Gottes, verkörpert das transformierte menschliche Bewusstsein und Shekinah die göttliche Präsenz in der Schöpfung. Sandalphon und Auriel wachen über Malkut am unteren Ende, dem Eingang des Baumes, und beschützen die frisch Eingeweihten gegen das Böse.

Es heißt, alle Engel würden sich aus einem der Sephiroth herleiten und sie wären in „Heerlager" eingeteilt, die von einem der Erzengel gemäß ihrer Herkunft angeführt würden. So stammen Michael und sein „Lager" von der Sephirah Geburah und Gabriel und sein „Lager" von der Sephirah Hod und so weiter.

DIE SEPHIROTH UND DIE ENGEL DES LICHTS

Die zehn Sephiroth der Kaballah sind in einer untereinander vernetzten Hierarchie als „Lebensbaum" dargestellt. Jede Sephirah besitzt einen mystischen Namen, der einen Aspekt des göttlichen Wesens darstellt, und wird von einem Engelsorden oder „Heerlager" beaufsichtigt. Diese Heerlager werden von einem oder zwei der Erzengel, die die Prinzipien ihrer Sephirah verkörpern, geleitet. Die Namen der sieben „Heerlager" finden sich im Sohar.

Sephirah	Bedeutung	Orden	Engel
Keter	Krone	Malachim	**Metatron:** Der Mächtige und **Shekinah:** Die Braut des Himmels
Chokmah	Weisheit, Intelligenz	Erelim	**Zaphkiel:** Der Mitfühlende
Binah	Verstehen	Seraphim	**Raziel:** Der Weise
Chesed	Gnade	Hayyoth	**Samael:** Der Verwalter
Geburah	Gerechtigkeit	Ophanim	**Michael:** Der Leiter
Tifaret	Schönheit	Hashmalim	**Zadkiel:** Der Tröster
Netzach	Sieg, Beständigkeit	Elim	**Raphael:** Der Heiler
Hod	Ruhm, Majestät	Elohim	**Gabriel:** Der Bote
Yesod	Fundament (der Welt)	Bene Elohim	**Hanael:** Der Krieger
Malkut	Königtum	Ishim	**Sandalphon:** Der Beschützer und **Auriel:** Der Gefährte

DIE GEFALLENEN ENGEL

Die Existenz einer Heerschar von Engeln, die sich gegen Gott aufgelehnt hatte, diente frühen jüdischen und christlichen Schreibern als Erklärung, warum es das Böse in der Welt gibt. Diese Engel waren wegen ihres Ungehorsams – meist war dafür die Sünde des Hochmuts verantwortlich – gemeinsam mit ihrem Anführer Satan aus dem Himmel verbannt worden.

LINKS: Der Fall der Engel aus den Ordensreihen in das glühende Chaos der Hölle wird in dem Gemälde eines unbekannten französischen Künstlers (15. Jh.) dramatisch dargestellt.

SATANS HEERSCHAREN

Einige rätselhafte Passagen des Alten Testaments führten zu der Vermutung, eine Gruppe böser Engel wäre für immer aus dem Himmel verbannt worden.

Genesis 6 beschreibt, wie die „Gottessöhne" die „Töchter der Menschen" heirateten und offenbar eine Rasse „mächtiger Männer" zeugten, die so genannten Nephilim, was im Hebräischen „die Gefallenen" bedeutet. Dieser Geschichte folgt direkt, obwohl nicht ausdrücklich damit verbunden, die Sintflut, die Gott über die Menschen schickt, da sie böse geworden waren.

Der erste bekannte Bericht über den Fall der Engel im 6. bis 11. Kapitel des Ersten Buchs Henoch (2. Jh. v. Chr.) erweitert die Geschichte der Nephilim. Die von Semyaz angeführten „Gottessöhne" sind Engel, die aus Begierde nach sterblichen Frauen und dem sündhaften Wunsch, sich fortzupflanzen – sündhaft, weil nur Gott Engel erschaffen kann –, zur Erde herabsteigen. Ihre Nachkommen sind monströse Riesen, die die Welt verwüsten und Menschen verschlingen. Die gefallenen Engel, auch „Wächter" genannt, bringen unter der Führung von Asasel den Menschen verbotene „ewige Geheimnisse" bei, wie Waffen herzustellen, Magie auszuüben und sich zu schmücken. (Im Gegensatz dazu beschreiben andere Werke, wie der Erzengel Michael den ersten Menschen wohltätige Künste wie den Ackerbau lehrte.) Daher befiehlt Gott Michael, Raphael und Gabriel, die Wächter bis zum Tag des Jüngsten Gerichts unter der Erde festzuhalten und ihre Nachkommen zu vernichten. In dieser Version vom Fall der Engel verleitet sie nicht Semyaz dazu. Andere Berichte aber, deren Hauptquelle Jesaja 14,12–15 ist, verlagern die Schuld auf den Rädelsführer der abtrünnigen Engel, der der Sünde des Hochmuts bezichtigt wird.

RECHTS: *Der Fall der aufständischen Engel* von Sebastiano Ricci (1658–1734) zeigt eindrucksvoll, wie der Erzengel Michael mit Schwert und Schild die aufständischen Engel aus dem Himmel stürzt.

„Wie bist du vom Himmel gefallen,
du schöner Morgenstern!
Wie wurdest du zu Boden niedergeschlagen,
der du alle Völker niederschlugst!
Du aber gedachtest in deinem Herzen,
‚Ich will in den Himmel steigen
und meinen Thron
über die Sterne Gottes erhöhen …
Ich will auffahren über die hohen Wolken
und gleich sein dem Allerhöchsten.'
Ja, hinunter zu den Toten fuhrest du,
zur tiefsten Grube."

Jesaja 14,4 bezieht sich auf „den König von Babel", wahrscheinlich ein irdischer Herrscher, der ein Feind Israels war. In christlichen Zeiten wurde „Morgenstern" oder Luzifer (Lichtträger) jedoch als Name des Anführers der gefallenen Engel gedeutet. Eine ähnliche, an den „Fürsten von Tyrus" gerichtete Passage in Ezechiel 28 wurde in gleicher Weise verstanden.

Daraus entsprangen zwei Traditionen. Laut der ersten erschuf Gott Adam tatsächlich „nach seinem Abbild" als ein mächtiges, übermenschliches Wesen. Gott befahl den Engeln Adam anzubeten, doch Satan und seine Anhänger verweigerten dies, denn wie Satan selbst laut einer anonymen Schrift aus dem 1. Jahrhundert namens *Das Leben Adams und Evas* sagt: „Ich stehe in der Schöpfung vor ihm, bevor er noch geschaffen war, war ich schon geschaffen. Er sollte *mich* anbeten." Für diesen Hochmut wurden Satan und seine Anhänger „zur Erde gestürzt". Ein ähnlicher Bericht taucht einige Male im Koran auf, wo Satan (Iblis oder Shaytan) ablehnt, sich vor Adam zu beugen, da Engel aus Feuer, Adam jedoch nur aus Lehm gemacht sei (Sure 7).

In der anderen Tradition wollten Satan und die abtrünnigen Engel einen konkurrierenden Thron errichten. Im Zweiten Buch Henoch, von dem Teile aus dem 1. Jahrhundert stammen, erzählt Gott Henoch, dass nach der Erschaffung der Engel am zweiten Tag einer der Erzengel meinte, „er könne seinen Thron höher als die Wolken über der Erde errichten und damit meine Macht erreichen. Und ich stürzte ihn mit seinen Engeln aus der Höhe."

Wie die gütigen Engel besitzen auch die gefallenen Engel eine Hierarchie unter einem Anführer, der Satan (oder anders) genannt wird. Auch gefallene Engeln sind teils mit Namen bekannt. 1 Henoch nennt 18 gefallene Anführerengel, unter anderem

RECHTS: ***Satan richtet sich an seine Potentaten,*** **um 1816–1818, eine Zeichnung von William Blake in einer Ausgabe von John Miltons** ***Das wiedergewonnene Paradies*** **(1671).**

Asasel, Armaros, Baraqel und Kokabel. Manche hatten spezifische Funktionen: Asasel lehrte die Menschen die Kriegskunst und Eitelkeit, Armaros Zaubersprüche und „das Schneiden von Wurzeln“ (das Wissen um giftige und heilsame Pflanzentränke). Mittelalterliche Gelehrte schufen parallel zu den sieben Erzengeln eine Hierarchie der Erzdämonen, denen jeweils eine Todsünde zugeordnet war: Luzifer (Hochmut); Mammon (Habsucht); Satan (Zorn); Asmodeus (Wollust); Beelzebub (Völlerei); Leviathan (Neid); und Belphegor (Trägheit).

Die gefallenen Engel lebten entweder auf Erden oder waren unter der Erde oder im Himmel eingekerkert, wo sie ewige Strafe litten. Da das Böse noch immer auf der Erde existierte, nahm man an, dass einige Engel Gottes anfänglicher Bestrafung und der Sintflut entkommen waren. Das Buch der Jubiläen (2. Jh. v. Chr.) erklärt, dass Gott ein Zehntel von Satans Anhängern zur Bestrafung der Menschheit freigehen ließ. Jedoch waren sich alle alten Schreiber, auch die des Neuen Testaments (Matthäus, Judas, Offenbarung) darin einig, dass diese am Tag des Jüngsten Gerichts ihr Ende finden würden. In der Offenbarung werden Satan und seine Engel nahe dem Ende der Zeit in einer heftigen Schlacht gegen die guten Engel unter Michael zerstört (Offenbarung 12,7–9; 20,1–3).

VERFÜHRER DER MENSCHHEIT

Der Anführer der gefallenen Engel trägt viele Namen, darunter Satan, der Teufel, der große Drache, die Schlange Semyaz, Beelzebub und Satanail.

Im 6. Jahrhundert sagte Papst Gregor der Große, Satan wäre vor seinem Fall der Anführer der Seraphim und des Engelsordens der Mächte gewesen. Um hervorzuheben, wie groß sein Fall war, wurde Satan fast als Gottes Favorit beschrieben und christliche Autoren zitierten Ezechiel 28, wenn sie sich auf ihn bezogen: „Du warst das Abbild der Vollkommenheit, voller Weisheit und über alle Maßen schön" (Ezechiel 28,12). Seraphim besaßen normalerweise sechs Flügel, der majestätische Engel hingegen zwölf. Gregor meinte, Satan hätte alle anderen Engel als sein Kleid getragen und „alle in Ehre und Wissen übertroffen".

Im 13. Jahrhundert ordnet Thomas von Aquin Satan statt den Seraphim den Cherubim zu, „da die Cherubim sich aus dem Wissen herleiten, welches mit sterblicher Sünde vereinbar ist; Seraphim aber entspringen der Barmherzigkeit, welche sich mit sterblicher Sünde nicht verträgt".

Das Leben Adams und Evas erklärt, Satan hätte sich nach seinem Fall an Gott gerächt, indem er dessen wunderbare Schöpfung, Adam, zur Sünde verführte. Der Sündenfall von Adam und Eva galt als Quelle allen menschlichen Leids, speziell des Todes, und Satan als der Hauptschuldige für menschliche Sünde und Unglück. Satans böser Charakter entwickelte sich jedoch nur schrittweise. In der Genesis wird Eva von einer Schlange verführt und in der hebräischen Bibel ist Satan kein Name, sondern eine Beschreibung: *Ha-satan* heißt „der Gegner". Der *Satan*

> „Die Sünde wurde sowohl bei Menschen als auch bei Engeln dadurch möglich, dass Gott ihnen den freien Willen gegeben hatte."
>
> C.S. Lewis (1898–1963)

in Numeri 22,22 ist „der Engel des Herrn", der Bileam abhalten soll, falsch zu handeln. Im Buch Hiob gilt Satan weder als böse noch gefallen, sondern führt den Befehl Gottes aus, Unglück über Hiob zu bringen. Dieser „Gegner" ist Teil eines Kosmos, in dem scheinbar willkürliches Leid als Glaubensprobe für die Rechtschaffenen angesehen wird.

UNTEN: Eine Illustration aus Miltons *Verlorenem Paradies* (1667): *Satan beobachtet Adam und Eva im Paradies* von John Martin (1789–1854).

Schon am Ende des 1. Jahrhunderts war Satan zum Namen eines einzelnen, eindeutig bösen Wesens geworden, das mit der Schlange der Genesis, dem Anführer der gefallenen Engel und Beelzebub, dem „Fürsten der Dämonen", in den Evangelien gleichgesetzt wurde. In der Offenbarung 12,9 heißt es, er sei „der große Drache, die alte Schlange, die da heißt Teufel und Satan, der die ganze Welt verführt". Satan regierte über die Kräfte des Bösen, doch da es Gott war, der ihn anfänglich erschaffen hat, wird es auch Gott sein, der ihn eines Tages vernichtet.

DIE GROSSEN ERZENGEL

Dieser Abschnitt befasst sich mit den sieben großen Erzengeln sowie mit Formen der praktischen Anwendung, mittels derer sie uns in unserem alltäglichen Leben begleiten und leiten können. Darunter befinden sich auch hilfreiche Meditationen, die auf jeden einzelnen Erzengel zugeschnitten sind und sich mit praktischen Belangen wie Heilung und Schutz sowie damit, Freude in Ihr Leben zu bringen, befassen.

LINKS: Vision der sieben Erzengel beim Harfenspiel, aus einer französischen Handschrift der Apokalypse aus dem 13. Jahrhundert.

MIT ENGELN IN KONTAKT TRETEN

Engel erscheinen vielleicht nicht auf unseren ersten Wink, sind jedoch ständig in unserer Welt präsent und bereit, uns zu leiten, wenn sie gerufen werden. Mit einer guten Meditationspraxis, einem offenen Herzen und der richtigen Einstellung können wir ihre liebevolle Energie für uns und andere nutzen, um ein spirituell und praktisch erfüllteres Leben zu führen.

LINKS: Ein Engel (Detail) aus *Die Krönung der Jungfrau* (um 1488–90) von Sandro Botticelli (um 1444–1510).

MEDITATION UND GEBET

Die Arbeit mit Engeln weist viele einzigartige Aspekte auf, doch die Grundlagen dazu liegen jeglicher Art der Meditation und des Gebets zugrunde.

Die sieben Erzengel-Meditationen (S. 130–131, 136–137, 142–143, 146–147, 150–151 und 153) habe ich erfolgreich in meinen Seminaren über Kommunikation mit Engeln eingesetzt und für dieses Buch adaptiert. Als Teil des wachsenden Phänomens der Engelskontakte und -meditation beruhen sie hauptsächlich auf meinen eigenen Erfahrungen und jenen meiner Klienten. Als solche basieren sie eher auf praktischem Erleben als auf biblischer Evidenz.

Die Ratschläge und Übungen sind dazu angelegt, Sie in die Arbeit mit Erzengeln und deren primären Energien einzuführen und Ihnen zu helfen, in Ihrem Wissen zu wachsen, um Engel auf spürbare und zuträgliche Weise in Ihr Leben einbringen zu können. Ich spreche daher Probleme und Hindernisse an, mit denen Sie wahrscheinlich in Ihrem täglichen Leben konfrontiert sind, und zeige Ihnen, wie Engel Ihnen helfen können, diese zu überwinden. Bedenken Sie dabei immer, dass Sie Engel nicht wie Diener herbeiordern können und diese Meditationen keine Schnelllösung sind. Engel sind weder „Zauberer" noch das Christkind, das Ihnen genau die Geschenke bringt, die auf Ihrer Wunschliste stehen.

Engel sind stets aufmerksam, wenn wir aufnahmebereit gestimmt sind. Beim Praktizieren dieser Übungen werden Sie schrittweise empfänglicher für ihre Botschaften, Liebe und Führung werden. Sie werden Ihnen unsägliche spirituelle Geschenke bringen, wovon Ihnen manche als Herausforderung erscheinen mögen.

Bedenken Sie, Engel um Hilfe zu ersuchen, mit Ihnen zu reden, zu meditieren und sie um göttliche Weisheit zu ersuchen, ist nicht das Gleiche wie sie „anzubeten". Engel sind Vermittler: Sie tragen Ihre Gebete zur Quelle und die göttlichen Anweisungen wieder zu Ihnen zurück. Sie sind Boten zwischen Ihnen und Gott, wen oder was auch immer Sie in „Ihm" sehen.

Wenn Sie sich viel mit Engeln beschäftigen, werden Sie ein Gefühl von energetischer Schutzkraft oder sanften, liebevollen Mitgefühls um sich spüren. Dies ist das, was man als „männliche" oder „weibliche" Energie, die die Präsenz eines Engels ausstrahlt, bezeichnet, was nicht heißt, dass der Engel männlich oder weiblich wäre. In allen Aspekten des Lebens ist sowohl das Männliche als auch das Weibliche vertreten, das Yin und Yang, deren Balance für die Ganzheit und Vollendung wesentlich ist.

Einer der ersten Schritte in der Kommunikation mit Engeln besteht darin, einen Ort der Harmonie zu schaffen, in dem Sie sich sicher und völlig friedvoll fühlen können. Gehen Sie sicher, dass Sie dort nicht durch Telefonläuten, Lärm und andere

LINKS und RECHTS: Freskendetails, die kniende Engel im Gebet zeigen, von Benozzo di Lese di Sandro Gozzoli (1420–1497), Seitenwände der Kapelle des Palazzo Medici-Riccardi, Florenz, Italien.

Ablenkungen gestört werden. Befinden Sie sich in einem geschlossenen Raum, so spielen Sie ätherische Musik, um eine entspannende Atmosphäre zu schaffen, entzünden Sie als Symbol der Reinheit eine Kerze, das Feuer der schöpferischen Liebe und Licht himmlischer Weisheit. Sollten Sie Engelsbilder haben, könnten Sie welche an diesem Ort zusammen mit frischen Blumen aufstellen, um erneut Reinheit und die Schönheit der Schöpfung zu versinnbildlichen. Falls Sie in einem Garten sind, suchen Sie sich einen ungestörten Platz und konzentrieren Sie sich auf die Schönheit und den Duft der Sie umgebenden Natur.

Wenn Sie mit Engeln kommunizieren wollen, sind Ihre Aufmerksamkeit und Absicht das Wichtigste. Engel sind eine unermesslich reiche Quelle der Liebe zur Menschheit. Ihre Bitten sollen daher immer von Herzen kommen, voll Dankbarkeit und so ausgerichtet sein, das bestmögliche Ergebnis für alle Beteiligten zu erzielen. (Eine kleine Warnung: Selbstzentrierte Motive werden ohne Urteil erhört, da das Versprechen gegeben wurde, dass all Ihre Gebete immer beantwortet würden. Das Ergebnis mag jedoch nicht immer das sein, was sie erwarten. Ein Engel kann nicht Ihr „Karma" ändern. Das können nur Sie selbst.)

RECHTS: *Die Inspiration* von Gustave Moreau (1826–1898) ist die Vorstellung eines Schutzengels, der als Muse und Berater wirkt.

„Die Schutzengel des Lebens fliegen gerade so hoch, um aus unserer Sichtweite zu sein, doch sie blicken immer auf uns herab."

Jean-Paul Richter (1763–1825)

Sobald Sie in der Meditation den Punkt erreichen, wo Sie aktiv die Präsenz eines Erzengels suchen, so rufen Sie ihn sanft bei seinem Namen. Ihre Stimme verleiht Ihrer Absicht zusätzliche Kraft. Machen Sie sich keine Sorgen, wenn Ihnen dies anfangs seltsam vorkommt – folgen Sie einfach Ihrem Instinkt, bis Sie sich daran gewöhnt haben.

Denken Sie am Ende Ihrer Kommunikation, was auch immer ihr Zweck oder Ergebnis war, immer daran, Ihre Dankbarkeit auszudrücken. Danken Sie den Engeln und der Quelle aller Schöpfung.

Es gibt so viele verschiedene Arten zu meditieren, wie es Menschen auf der Erde gibt. Mit der Zeit wird Ihnen klar werden, dass keine davon richtig oder falsch ist. Sobald Sie für sich eine Methode gefunden haben, sich zu entspannen und zu konzentrieren, ist dies die richtige Art für Sie.

Zuerst ist es wichtig, es sich so bequem als möglich zu machen. Setzen Sie sich auf einen Stuhl oder auf den Boden – Sie können auch Kissen verwenden. Falls Sie unbequem sitzen, wird Ihre Aufmerksamkeit immer wieder zu dem Irritationspunkt wandern und Ihre Konzentration beeinträchtigen. Manche ziehen beim Meditieren Ihre Schuhe und Strümpfe aus und stellen die Füße flach auf den Boden, um dabei gut „geerdet" zu bleiben.

Atem- und Entspannungstechniken finden sich in vielen Disziplinen wie in zahlreichen Formen der buddhistischen Praxis und im Yoga. Obwohl diese Techniken sehr nutzbringend sind, sind sie für den Kontakt mit Engeln nicht wesentlich.

Gehen Sie behutsam mit sich um. Wie bei anderen Übungsformen steigert die Praxis die Kraft Ihrer „spirituellen Muskeln". Auch wenn Sie es anfangs schwierig finden, geben Sie nicht auf. Meditieren ist so wohltuend für Körper, Geist und Seele, dass Sie bald merken werden, dass es Ihnen immer leichter fällt, und Sie werden es unweigerlich zu einem fixen Bestandteil Ihres täglichen Lebens machen.

NÄCHSTE SEITE: ***Die sieben freien Künste* von Giovanni dal Ponte (um 1385–1437).**

MICHAEL

Michael ist wohl der bekannteste aller Erzengel. Als Erzengel des Schutzes trägt er vorrangig die Eigenschaften eines heiligen Kriegers.

Michael wird sowohl in der jüdischen als auch in der christlichen und muslimischen Tradition als der mächtigste aller Erzengel angesehen. Er ist der größte Schutzengel und Krieger und wird in der klassischen Kunst meist in voller Rüstung mit gezücktem Schwert und den Waagschalen der Gerechtigkeit dargestellt. Denn beim Jüngsten Gericht wird Michael die guten gegen die schlechten Taten abwägen.

Die Vorstellung von Michael als archetypischem Krieger scheint auf die Chaldäer Mesopotamiens zurückzugehen, die ihn als Halbgott verehrten. In der jüdischen Legende steht Michael, neben Gabriel, Raphael und Uriel, als einer der mächtigen vier bei Gott. Es war Michael, der dem Judasbrief

RECHTS: Eine griechische Ikone von Michael in der für ihn typischen Rüstung eines Kriegers und mit gezogenem Schwert in der Hand.

ERZENGEL MICHAEL

ERZENGEL DES SCHUTZES

WOCHENTAG: Sonntag

ASSOZIIERTE FARBE: Blau

- Der Name Michael bedeutet „der ist wie Gott“.
- Anführer der Erzengel und einer der sieben, die im Angesicht Gottes stehen. In der Engelshierarchie ist er der Befehlshaber über die Mächte (siehe S. 86–87).
- Der Engel des Schutzes, der Gnade, Buße, Rechtschaffenheit und Heiligsprechung.
- Schutzengel Israels; Patron der Katholischen Kirche und der Ritter im Mittelalter. 1950 von Papst Pius XII. zum Schutzheiligen der Polizei ernannt.
- Gewährt physischen Schutz auf Reisen sowie emotionalen und psychischen Schutz.

OBEN: Eine Buchmalerei des *Liber Floridus* (um 1120) von Lambert de Saint-Omer, die den Erzengel Michael beim Töten des Drachen zeigt. Beachtlicherweise trägt sein Schild das bekannte rote Kreuz des Heiligen Georg, des Drachentöters, dessen Legende im 4. Jahrhundert aufkam.

zufolge den Leichnam Moses vor dem Engel des Satans Samma'el rettete, nachdem der Teufel diesen beschlagnahmt hatte, weil Mose einen Ägypter getötet hatte. Michael (Mikhail) zählt auch im islamischen Glauben zu den vier Erzengeln.

In der Bibel ragt Michael als Befehlshaber einer Engelsarmee heraus. Er streitet mit dem Teufel (Judasbrief 1,9) und stürzt während des Kriegs im Himmel gegen Satan den Drachen (Offenbarung 12,7). Diese Heldentat fand später in der griechischen Legende vom heiligen Georg aus dem 4. Jahrhundert ihr Echo, die durch die Troubadoure im 14. Jahrhundert große Bekanntheit erlangte.

Michael wird im Alten Testament erstmals in einer Botschaft für Daniel erwähnt – er gilt als einer „der Ersten unter den Engelfürsten" (Daniel 10,13). Das Buch Daniel erklärt uns auch, dass Michael ein besonderer Schutzengel für Gottes Volk in Israel ist, der dieses gegen die Bedrohung der Griechen und Perser schützt.

Der Erzengel Michael spielt auch in der Angelologie der Schriftrollen vom Toten Meer eine wichtige Rolle. In einer davon, die den Titel *Krieg der Söhne des Lichts gegen die Söhne der Finsternis* trägt, wird Michael „Fürst des Lichts" genannt, der den Kampf gegen die Engel der Finsternis anführt. Außerdem tragen die Söhne des Lichts, als sie in die Schlacht ziehen, die Namen etlicher Erzengel auf ihren Schildern, unter denen sich auch Michael befindet.

Die Offenbarungsliteratur und das orthodoxe Christentum im Besonderen stellen Michael als Helfer des Heilands dar, der die finsteren Mächte besiegt und die Vollkommenheit der Welt wiederherstellt. In ähnlicher Weise glauben auch New-Age-Lichtarbeiter, die sich auf das Konzept der *Devas* und die sieben Strahlen der Theosophie (siehe S. 70–71) stützen, dass Michael momentan der wichtigste Abgesandte Gottes ist, der während des derzeitigen Übergangs ins Zeitalter des Wassermanns eng mit der Erde zusammenarbeitet. Dieser markiert das Ende der partriarchalischen Ära und den Anfang eines neuen Zeitalters voller Menschlichkeit, Gleichheit, Mitgefühl und Gemeinschaft. Jeder der sich für die Arbeit mit Engelsenergien und speziell mit jener des „Kriegerengels" interessiert, reagiert auf den Ruf Michaels.

Die Schutzkräfte Michaels

Wir können das Prinzip des Engelkriegers Michael, der das Schwert der Rechtschaffenheit schwingt und den Drachen tötet, praktisch anwenden, um unsere eigenen inneren „Dämonen" zu zerstören. Man kann Michael auch als emotionalen und psychischen Schutz anrufen. Dies ist besonders in Zeiten des Konflikts hilfreich. Mittlerweile bitten viele Michael, sie vor üblen psychischen Angriffen jener zu schützen, mit denen sie im Streit liegen.

Mit der einfachen Bitte „Erzengel Michael, schütze mich" können Sie Michael um physischen Schutz auf Reisen ersuchen. Stellen Sie sich gleichzeitig ein blaues schützendes Licht vor, das Sie und Ihre Gefährten sowie Ihr Fahrzeug oder Ihr Transportmittel umgibt.

UNGEWOLLTE BINDUNGEN DURCHTRENNEN

Auf unserer spirituellen Reise können wir nicht den Ballast aus Schmerz, Schuld und Schande mittragen. Wir müssen uns und andere davon befreien, um ins Licht zu gehen. Diese Meditation hilft Ihnen, diese Bindungen zu lösen und Ihre Reise ernsthaft zu beginnen.

Um unsere spirituelle Entfaltung zu fördern, ist es wichtig, jegliche negative emotionale Bindung aufzulösen. In dieser Übung bitten Sie Michael, die Fesseln, die Sie an eine schwierige Beziehung, eine emotionale Blockade oder eine andere Situation binden und Sie hemmen, zu durchtrennen.

Die Übung hat einen weiten Anwendungsbereich. Sie kann Ihnen helfen, eine schmerzvolle Erinnerung oder ein negatives Gefühl loszulassen, oder Ihre Entschlossenheit stärken, eine schlechte Gewohnheit oder Sucht zu brechen (Schritt 4–6) sowie sich von einer oder mehreren Personen zu lösen (Schritt 7–10).

Stellen Sie sich darauf ein, Bilder oder Symbole zu sehen, Worte in Ihrem Kopf zu hören oder einfach zu fühlen, dass Sie „wissen", was Ihnen gerade gezeigt wird (Schritt 3–4). Sie könnten einen leichten Druck in Ihrem Körper spüren, brauchen diesen jedoch nicht zu beachten. Wahrscheinlich werden Sie am Ende der Übung feststellen, dass Ihre Emotionen nahe an die Oberfläche getreten sind.

Machen Sie sich keine Sorgen, wenn Sie die Bande nicht sauber trennen konnten oder die Symbole nicht verstanden haben – nicht jeder ist gleich beim ersten Mal dazu bereit. Je nach dem, was Sie loslassen möchten und wie lange diese Bindung schon dauert, mag es nötig sein, diese Übung auf einer regelmäßigen Basis durchzuführen, um Ihre Ablösung schrittweise zu stärken. Es ist schwierig, alte Bindungen und Muster loszulassen, und daher nur natürlich, anfangs unbewusst Widerstand zu leisten. Mit der Zeit werden Ihnen die Visualisierungen leichter fallen und Sie werden den Erfolg – das Wissen darum, dass Sie nun einen Schritt weitergehen können – noch lange spüren.

1 Setzen Sie sich bequem an Ihren Meditationsplatz und atmen Sie langsam und tief.

2 Laden Sie den Erzengel Michael ein, sich Ihnen zu nähern und visualisieren Sie ihn dabei.

3 Stellen Sie sich vor, Sie hätten eine Tasche am Rücken und stellen Sie diese zu Boden. Ein beschwerliches Band hängt jedoch noch an Ihnen.

4 Bitten Sie Michael, Ihnen den Inhalt der Tasche Stück für Stück zu zeigen und Ihre Entschlossenheit, diese Dinge zurückzulassen, zu stärken.

5 Bitten Sie Michael den noch immer an Ihnen hängenden Gurt mit seinem Silberschwert zu durchtrennen.

6 Visualisieren Sie, wie sich ein Loch im Boden auftut, in dem die Tasche verschwindet. Bitten Sie den Erzengel Michael das Loch für alle Zeiten zu verschließen und den Ort und Sie zu segnen.

7 Stellen Sie sich nun die Person oder jene Menschen vor, die Sie zurückhalten.

8 Visualisieren Sie ein Seil in Form einer großen Acht, das von goldenem Licht umgeben ist. Stellen Sie die Person(en) in angenehmer Distanz in die eine und sich selbst in die andere Schleife der Acht.

9 Betrachten Sie nun, wie Michael am Kreuzungspunkt der Acht das Seil durchtrennt und wie sich das Seil Faser für Faser zerfranst und auflöst.

10 Wünschen Sie den anderen Personen Glück auf ihrem Weg und danken Sie ihnen, dass sie Ihnen die Freiheit geben, Ihrem Weg ungehindert zu folgen.

11 Danken Sie Micahel für seine Hilfe und bleiben Sie einige Zeit in der Präsenz Ihres Schutzengels sitzen. Konzentrieren Sie sich auf Ihren Atem und richten Sie Ihre Aufmerksamkeit langsam wieder auf Ihre Umgebung.

GABRIEL

In seiner Rolle als Engel der Offenbarung und Überbringer der Wahrheit kann der Erzengel Gabriel Sie auf den wahren Weg führen und ermutigen.

In den Tagebüchern von William Blake aus dem 18. Jahrhundert findet sich folgende Geschichte: Als Blake beauftragt wurde, einen Engel zu malen, fragte der Künstler laut: „Wer kann einen Engel malen?“ Eine unsichtbare Stimme antwortete: „Michelangelo konnte es.“ Blake fragte weiter: „Wie kannst du das wissen?“ Die Antwort war: „Ich weiß es, weil ich dabei war; ich saß ihm Modell. Ich bin Gabriel.“

Wie wir im ersten Teil des Buchs gesehen haben (siehe S. 21–47), kommt der Erzengel Gabriel in allen drei großen monotheistischen Glaubenssystemen vor. Sowohl im Judentum als auch im Christentum gehört Gabriel zu den sieben

RECHTS: *Der Engel Gabriel* von Simone Martini (1284–1344). Auf Gemälden wird Gabriel als der Engel der Verkündigung oft mit einer weißen Lilie als Symbol der Unbeflecktheit Marias dargestellt.

ERZENGEL GABRIEL

Erzengel der Verkündigung, Führung und Auferstehung

Wochentag: Mittwoch

Assoziierte Farbe: Weiß

- Gabriels Name bedeutet „Gott ist meine Kraft“.
- Die sumerische Wurzel *gbr* bedeutet „Statthalter“, wurde aber auch als „Macht“ gedeutet.
- Der Erzengel Gabriel wird oft mit einer Posaune dargestellt, die seine Rolle als Bote Gottes widerspiegelt.
- Praktisch gesprochen, fördert Gabriels Führung spirituelles Wachstum und Ihre zukünftige Ausrichtung. Er kann Ihnen helfen, Klarheit zu finden, um Entscheidungen bezüglich Ihrer Träume und Ziele zu treffen und die Disziplin aufzubringen, dem gewählten Weg zu folgen.

Erzengeln, die den Thron Gottes umgeben. Gabriel ist (neben Michael) einer der zwei Erzengel, die im Alten und Neuen Testament, wo er primär als Bote Gottes agiert, namentlich erwähnt werden.

Wahrscheinlich ist Gabriel der am meisten verehrte Engel der christlichen Tradition, die ihn als Engel der Gnade betrachtet und mit Erlösung gleichsetzt. Denn es war Gabriel, der die Geburt von Johannes dem Täufer und von Jesus Christus voraussah und verkündete.

Der Erzengel Gabriel erscheint vier Mal im Alten Testament, das erste Mal Daniel (Daniel 8,16 und 9,21 – siehe S. 52–54). Darauf erscheint er Zacharias, als dieser am Altar im Tempel Weihrauch opfert – es ist auch Gabriel, der diesem verkündet, dass seine Frau einen Sohn namens Johannes (Lukas 1,11–19) gebären wird. Letztlich überbringt er in der Geschichte der Verkündigung Maria die Botschaft, dass sie Jesus, den Messias und Gottes Sohn, zur Welt bringen wird (Lukas 1,26–38).

OBEN: ***Der Engel der Verkündigung*** **von Fra Angelico (um 1387–1455). Aus einem Altarbild der Kapelle von San Niccolo dei Guidalotti in der Kirche von San Domenico, Perugia . Dass ein so mächtiger Erzengel wie Gabriel andächtig (vor Maria) kniend dargestellt wird, kennzeichnet die spirituelle Vollkommenheit der Frau, die auserwählt war, die Mutter Gottes zu werden.**

Da Gabriel etliche Male im Ersten Buch Henoch Erwähnung findet, ist der Erzengel auch in den nicht biblischen jüdischen Schriften sehr wichtig. 1 Henoch 53,6 zufolge ist er – mit Michael, Raphael und Uriel – einer der vier Engel, die Satan (Asasel) und seine Lakaien „in einen Brennofen voll glühenden Feuers stoßen wird, damit der Herr der Seelen Rache an ihnen nehmen könne, da diese zu Dienern von

Satan wurden und jene verführten, die auf der Erde leben".

In den islamischen Überlieferungen ist Gabriel (in islamischen Texten Jibral) der Engel der Wahrheit, der Mohammed erschienen sein soll, um ihm den Koran Vers für Vers zu diktieren.

In den Schriftrollen vom Toten Meer erzählt das Buch vom *Krieg der Söhne des Lichts gegen die Söhne der Finsternis*, dass die Söhne des Lichts mit den Namen etlicher Engel auf ihren Schildern, unter denen sich auch jener Gabriels befindet, in die Schlacht ziehen.

Gabriel ist der Regent der Cherubim und des Paradieses. In Miltons *Das verlorene Paradies* (1667) bewacht Gabriel als Anführer der Engelswächter das östliche Tor des Paradieses. Satan erschwindelt sich seinen Weg ins Paradies, wo er Adam und Eva verführt, doch er wird von zwei Helfern Gabriels erwischt und aus dem Garten Eden verbannt.

„Gabriel, einer der heiligen Engel, der über Ikisat, über dem Paradies, und über den Cherubim steht."

1 Henoch 20,7

Ein weiblicher Erzengel?

Es ist interessant, dass Gabriel im Himmel zur Linken von Gottes Thron sitzt. Diese Position wurde von einigen Gelehrten so gedeutet, dass Gabriel der einzige weibliche Erzengel in der himmlischen Hierarchie wäre. Ein weiterer Beweis für den stark femininen Aspekt Gabriels liegt in der Regentschaft des Engels über den Mond. Der Mond gilt in der esoterischen Vorstellungswelt generell als Symbol alles Weiblichen.

Ein weiterer Hinweis auf die Möglichkeit, dass Gabriel tatsächlich weiblich sei, liegt darin, dass ausschließlich Gabriel wichtige Geburten verkündet. Gabriel kündigt nicht nur die Geburt von Johannes dem Täufer und Jesus Christus im Neuen Testament an, sondern auch in apokryphen Texten die Geburt von Samson und der Jungfrau Maria. Das führte in Folge dazu, dass Gabriel als Engel, der über die Geburt wacht, betrachtet wurde. Andere Quellen berichten davon, dass der Grund, warum sich Maria nicht vor dem Engel, der sie aufsuchte, fürchtete, darin lag, dass sie ihren Besucher nicht als Mann wahrnahm. Gabriel gilt auch als Lehrer der Weisheit für die ankommende Seele von Ungeborenen während ihres neunmonatigen Reifeprozesses.

DIE EIGENE SPIRITUELLE RICHTUNG FINDEN

Viele Menschen haben das Gefühl, dass ihnen die Richtung in ihrem Leben fehlt. Den Erzengel Gabriel um Führung auf Ihrem spirituellen Weg anzurufen, mag Ihnen helfen, sich darauf zu konzentrieren, ein besseres und lohnenderes Leben zu führen.

Der Unterschied zwischen dem, was wir uns als „perfektes" Leben ausmalen, und unserem realen Alltag kann manchmal zu einem Gefühl der Lethargie oder Unzufriedenheit mit unserem Dasein führen. Gabriel kann Ihnen helfen, Ihre wahren Prioritäten ans Licht zu bringen, und Sie beim Verfolgen Ihrer Ziele lenken.

Eventuell haben Sie eine Veränderung vor, sei es beruflich, privat oder einen Ortswechsel. Oder Sie haben das Gefühl, Ihr Leben sei ziellos und Sie müssten ihm einen Sinn geben – sei es praktisch oder spirituell. Gabriel wird Sie unterstützen, zu größerer Erfüllung zu finden. Bedenken Sie jedoch, der Sinn dieser Übung ist nicht schierer Ehrgeiz oder materieller Gewinn.

Achten Sie auf die Zeichen, um die Sie gebeten haben (Schritt 6) – Sie mögen in der absonderlichsten Gestalt erscheinen. Bitten Sie, dass die Botschaften, die Sie erhalten, klar und verständlich sein mögen.

In Zeiten, in denen Sie Unterstützung brauchen, jedoch nicht die volle Übung ausführen können, können Sie folgendes Gebet sprechen:

„Erzengel Gabriel, im göttlichen Licht der Wahrheit und Gottes Liebe bitte ich um deine Hilfe. Ich bin bereit, mich in den Dienst der Menschheit zu stellen. Bitte zeige mir, was ich tun soll.
Bitte teile mit mir deine Weisheit, im Wissen, dass ich bereit bin, mein Bestes zu tun. Zeige mir mein volles Potenzial und hilf mir, es zu erfüllen. So sei es. Amen."

1 Setzen Sie sich mit aufrechtem Rücken auf einen Stuhl und stellen Sie die Füße flach auf den Boden. Legen Sie Ihre Hände auf die Schenkel. Ihre Handflächen weisen empfangend nach oben.

2 Konzentrieren Sie sich auf das Atmen und atmen Sie jedesmal tief in Ihr Zwerchfell, bevor Sie tief ausatmen. Entspannen Sie beim Ausatmen Ihren ganzen Körper, von Ihrer Kopfhaut und den Gesichtsmuskeln bis zu Ihren Zehen und Fingern.

3 Kämpfen Sie nicht gegen aufkommende Gedanken an. Beoachten Sie diese und lassen Sie sie los, sobald Sie Ihre Konzentration auf die Kommunikation mit dem Erzengel Gabriel richten.

4 Atmen Sie weiter tief ein und aus und stellen Sie sich vor, dass Sie reines weißes Licht durch Ihre Kopfkrone einsaugen. Visualisieren Sie, wie es in Ihren ganzen Körper – Sehnen, Knochen, Muskeln, Organe und Zellen – hineinströmt und durch jede Pore Ihrer Haut wieder hinausdringt.

5 Bitten Sie das Licht der göttlichen Liebe, Ihr Herz, Ihren Geist und Ihre Seele zu reinigen und neu zu beleben und Sie mit positiver Hingabe, Ihrer wahren Bestimmung zu folgen, zu umhüllen.

6 Laden Sie Gabriel in das strahlend weiße Licht ein. Bitten Sie ihn um Führung und Klarheit in Ihrem Leben und auf Ihrer spirituellen Reise.

7 Lassen Sie jegliche Gedanken, Farben, Bilder oder Worte vor Ihr geistiges Auge treten. Bleiben Sie entspannt, Sie können sie später analysieren.

8 Danken Sie Gabriel für seine Hilfe. Werden Sie sich Ihres Körpers bewusst und öffnen Sie behutsam die Augen.

9 Erinnern Sie sich an die Gedanken und Bilder, die auftauchten, und überlegen Sie, was sie Ihnen gezeigt haben. Behalten Sie diese im Geist und lassen Sie deren Sinn und Inspiration ohne Zwang während des restlichen Tags in Ihnen auftauchen.

RAPHAEL

Raphael, einer der vier großen Erzengel neben Michael, Gabriel und Uriel, gilt als mächtiger Heiler und Schutzpatron der Reisenden.

Im Buch Tobit ist Raphael der Führer und Begleiter von Tobits Sohn Tobias und am Ende der Reise enthüllt er sich als „einer der sieben heiligen Engel“, die um Gottes Thron stehen. In 1 Henoch (1,40) ist Raphael jener der vier Geistwesen, „der über allen Krankheiten und alle Wunder der Menschenkinder gesetzt ist“.

Einer der ältesten magischen Texte, die König Salomon zugeschrieben werden, *Das Testament von Salomon* (übersetzt von F.C. Conybeare, 1898), erzählt uns, dass, als Salomon Gott beim Tempelbau zu Jerusalem um Hilfe bat, Raphael dem hebräischen König einen magischen Ring gebracht hatte. Dieser Ring hatte ein Pentagramm (Fünfstern) eingraviert und besaß die Macht, die Dämonen zu

RECHTS: Der Erzengel Raphael nach einer volkstümlichen Darstellung aus New Mexiko (Künstler und Entstehungszeit unbekannt).

ERZENGEL RAPHAEL

ERZENGEL DES HEILENS

WOCHENTAG: Donnerstag

ASSOZIIERTE FARBE: Grün

- Raphaels Name bedeutet „Gott hat geheilt“ oder „der Leuchtende, der heilt“; *Rapha* im hebräischen bedeutet „Heiler“ oder „Arzt“.
- Jüdischer Legende zufolge war es Raphael, der Noah das Buch der Arzneimittel, den *Sefer ha-Razim,* gab.
- Raphael hilft in Belangen der Ganzheit, des Heilens, der Vision, Wahrheit und Fülle. Er unterstützt beim Überwinden von Krankheit, Verfall, Aberglauben, Irrtum und Mangel oder Unzulänglichkeit und heilt tiefe emotionale Wunden, die beispielsweise in persönlichen Beziehungen zugefügt wurden.

beherrschen. Damit war Salomon fähig, den Tempel mit so genannter „Sklavenarbeit" der unterworfenen Dämonen fertigzustellen. Raphael gehört in 1 Enoch (53,6) mit Michael, Gabriel und Uriel zu den vier Engeln, die Satan (Asasel) und seine Anhänger „in einen Feuerpfuhl" werfen.

New-Age-Denker assoziierten Raphael mit dem Element Luft. Sie können ihn bitten, Ihnen bei der körperlichen, emotionalen und spirituellen Heilung und beim Flicken von Beziehungsbrüchen beizustehen. Sie können Raphael anrufen, um Sie als Kanal für die göttliche Heilkraft zu nutzen – sei es in einer persönlichen, sozialen oder weltweiten Dimension.

Die Geschichte von Raphael und Tobias

Tobias' Vater Tobit war ein rechtschaffener Mann, den ein schweres Schicksal ereilte, da er sowohl seinen Reichtum als auch sein Augenlicht verlor. Er rief in seiner Verzweiflung Gott um Hilfe an und entschied dann, seinen Sohn zu einem Verwandten

LINKS: ***Tobias und der Erzengel Raphael*** **(Detail) von Antonio Pollaiolo (um 1432–1498). Viele Gemälde dieses Sujets zeigen Tobias in Begleitung seines Hundes.**

„Der zweite, der über alle Krankheiten und über alle Wunden der Menschenkinder gesetzt ist, ist Raphael."

1 Henoch 40,9

um Geld zu schicken, das er diesem vor langer Zeit zur Aufbewahrung anvertraut hatte. Tobias hütete sich, allein zu reisen, und suchte einen Führer. Als Antwort auf Tobits Gebet erschien der Erzengel Raphael in Menschengestalt und wurde Tobias' Weggefährte. Vor der Reise versicherte Raphael dem alten Mann, es würde sich eine Arznei gegen seine Blindheit finden lassen.

Auf der Reise sagte Raphael Tobias, dass er Sarah, die Tochter des Cousins seines Vaters, ehelichen würde. Diese Nachricht entmutigte Tobias, der wusste, dass Sarah schon sieben Mal verheiratet gewesen war. Sarah hatte indessen um ihre Erlösung und das Ende ihrer Qual gebetet. Der Dämon Asmodeus, der Sarah für sich wollte, hatte nämlich jeden ihrer Gatten in der ersten Nacht, noch bevor die Ehe vollzogen werden konnte, getötet. Als Tobias und Raphael neben einem Fluss rasteten, wurde Tobias von einem großen Fisch angegriffen. Raphael sagte Tobias, wie er sich befreien könnte, und er fing den Fisch. Raphael instruierte Tobias, die Leber, das Herz und die Gallenblase des Fisches herauszunehmen und zu behalten. Dann kochten sie den Fisch, aßen davon und nahmen die Reste mit sich. Nachdem sie Sarahs Haus erreicht hatten, riet Raphael Tobias, die Leber und das Herz des Fischs mit Weihrauch im Brautzimmer zu verbrennen, da dies den Dämon abhalten würde. Als Tobias Sarah sah, willigte er froh ein, sie zu heiraten, und dank Raphaels Instruktion wurde die Ehe glücklich vollzogen. Aus Freude schenkte Sarahs Vater dem Paar eine 14-tägige Hochzeitsfeier und die Hälfte seines Vermögens.

Bei der Rückkehr von Tobias und seiner Frau befahl ihm Raphael die Gallenblase des Fischs auf die Augen seines Vaters zu legen – daraufhin löste sich der graue Star von Tobit auf und er gewann sein Augenlicht zurück. Tobit wollte Raphael für dieses Wunder die Hälfte seiner Aussteuer geben. Raphael lehnte ab und erklärte ihm, er sei einer der sieben großen Engel, die die Gebete der Rechtschaffenen erhören und zu Gott bringen. Bevor er ging, hieß er Tobit jedoch, seine Geschichte niederzuschreiben.

EINEN KANAL FÜR HEILENDE ENERGIE BILDEN

Es heißt, wir alle könnten heilen – uns selbst wie auch andere. Falls Sie den Erzengel Raphael einladen wollen, Sie als Kanal für Heilenergie zu verwenden, brauchen Sie in erster Linie nur den ehrlichen Wunsch, wahrhaftig zu Diensten zu sein.

Es gibt viele Arten, wie Sie als Kanal für das Wohl der Welt fungieren können. Sie können gemeinsam mit Gleichgesinnten zu einer bestimmten Zeit Gebete für die ganze Menschheit aussenden. Eventuell hätten Sie Raphael gerne bei sich, wenn Sie anderen aus der Ferne Heilenergie schicken. Falls Sie bei einem heilungsbedürftigen Menschen sind, legen Sie die Hände auf seinen Kopf oder seine Schultern oder dorthin, wo er Schmerz verspürt. Öffnen Sie einfach Ihr Herz, um die Heilkraft der Engel zu empfangen, und lassen Sie diese in die Person fließen. Sie können Raphael auch ersuchen, Ihren eigenen Schmerz zu heilen, speziell emotionalen Schmerz durch zerbrochene Beziehungen. Setzen Sie sich ruhig hin und stellen Sie sich heilendes grünes Licht um sich vor. Lassen Sie es durch Ihren ganzen Körper strömen, besonders durch die schmerzenden Bereiche – ob diese nun in Ihrem Körper oder Ihren Gedanken und Gefühlen liegen. Visualisieren Sie Engel, die mit ihren Händen den Schmerz herausziehen.

Die folgende Übung ist eine Methode, um andere zu heilen (kann allerdings leicht auch auf sich selbst angewandt werden). Die anderen Menschen können, müssen jedoch nicht körperlich anwesend sein, da sich die Übung um das Übertragen von heilenden Energieschwingungen dreht und keinen körperlichen Kontakt voraussetzt. Es ist nicht ungewöhnlich, während des „Haltens" der Heilenergie Botschaften für den Empfänger zu erhalten. Sie sollten diese danach teilen, da diese von Bedeutung sein können. Geben Sie die Botschaften genau, ohne persönliche Stellungnahme oder Ratschläge, wieder – Sie sind nur der Kanal.

Es gibt keine fixe Dauer für die Übung, doch sie sollte nicht länger als 20 Minuten dauern. Sie werden mit der Zeit selbst lernen zu spüren, wann eine Sitzung beendet ist.

1 Setzen Sie sich bequem auf Ihren Meditationsplatz und atmen Sie langsam und tief, um jegliche Spannungen in Ihrem Körper, besonders in Nacken, Schultern und Händen zu lösen.

2 Leeren Sie Ihren Geist von Ihren eigenen Gedanken und konzentrieren Sie sich auf die Bedürfnisse des Menschen, dem Sie Heilenergie schicken wollen. Sie können sich die Person geistig vorstellen, falls Ihnen dies dabei hilft.

3 Schicken Sie in Ihren eigenen Worten ein Gebet zur göttlichen Quelle aller Liebe und dem Meister des Heilens. Bitten Sie um die Gnade, als Kanal für die heilende Energie zu dienen, und dass diese Energie mit Liebe durch Sie zu dem kranken oder leidenden Menschen strömen möge.

4 Bitten Sie Raphael an Ihre Seite – stellen Sie sich vor, dass Sie seine Anwesenheit spüren können. Visualisieren Sie die Farbe Grün um sich herum als wundervolles heilendes Licht, welches Gedanken, Worte und Taten zwischen Ihnen, der empfangenden Person und Raphael ausgleicht und harmonisiert.

5 Bleiben Sie entspannt, jedoch fokussiert. Öffnen Sie Ihr Herz, so dass es dem Empfänger bedingungslos Liebe geben kann. Visualisieren Sie strahlend grünes Licht, das durch die Krone Ihres Kopfes eindringt und durch Ihr Herz und Ihre Hände und weiter zu dem Heilungsbedürftigen, wo auch immer er sei, fließt.

6 Beobachten Sie still sämtliche Bilder, Gefühle oder Empfindungen, die in Ihnen auftauchen. Sie mögen selbst in Ihrem Leib spüren, wo der Schmerz der anderen Person sitzt. Bleiben Sie ruhig. Empfangen Sie einfach die Heilenergie und lassen Sie diese ungehindert durch sich strömen. Hören Sie auf, sobald Sie sich bereit fühlen.

7 Danken Sie Raphael und den Heilungsengeln am Ende der Sitzung für ihre Hilfe.

URIEL

Als Erzengel der Erlösung und Fürsorge verkörpert Uriel die Engels-energie hinsichtlich der Reinheit des Herzens und des inneren Friedens.

Im Buch Henoch wurde Uriel, neben Michael, Gabriel und Raphael, als einer der vier Engel der göttlichen Erscheinung, die vor Gott stehen, genannt. Auch wenn Uriel in diesem Quartett der am wenigsten bekannte ist, bleibt er nichtsdestoweniger ein Engel von gewaltiger Kraft und viel Einfluss.

Zeitweilig Phanuel genannt, gilt der Erzengel Uriel in anderen jüdischen Schrifen als „Feuer Gottes". Man findet ihn in der jüdischen, kabbalistischen, christlichen sowie islamischen Glaubenstradition – 745 wurde allerdings sein Status als Erzengel von der christlichen Kirche widerrufen, da der Klerus befand, der Laienstand würde den Engeln, im Gegensatz zur Heiligen Dreifaltigkeit, zu viel Hingabe und Zuwendung schenken.

RECHTS: *Der Friedensengel* (2003), gemalt von der zeitgenössischen Künstlerin Sue Jamieson.

ERZENGEL URIEL

ERZENGEL VON FRIEDEN, ERLÖSUNG UND FÜRSORGE

WOCHENTAG: Freitag

ASSOZIIERTE FARBEN: Gold, Rubinrot, Lila

- Uriels Name bedeutet „Gottes Feuer", „Gottes Flamme", „Licht Gottes" oder „Sonne Gottes".
- Einer der vier Engel der Göttlichen Erscheinung, der Erzengel wird als Seraph oder Cherub eingestuft.
- In praktischer Hinsicht unterstützt Uriel Frieden, hingebungsvolle Anbetung, Gottesdienst, Brüderlichkeit, Fürsorge und Loslösung.
- Uriels Unterstützung hilft Ihnen, emotionale Turbulenzen, Egozentrik, Konflikte, Verletzungen und Begierde zu überwinden.

Viel von dem, was wir über Uriel wissen, stammt aus der rabbinischen Literatur und außerkanonischen Quellen. Er wird nicht namentlich in der Bibel genannt, obwohl ihm einige Taten, die im Alten Testament passieren, zugeschrieben werden. Im Alten Testament und der hebräischen Tradition gilt Uriel als jener Engel (in seiner Rolle als Cherub), der mit seinem Flammenschwert am Eingang zum Garten Eden steht. Gleichzeitig ist Uriel auch der Engel, der aufgrund seiner unerschütterlichen Treue und Ergebenheit das Tor zur Hölle (Tartarus oder Hades) bewacht. Deswegen wurde er in der Kunst oft mit einem feurigen Schwert in der einen und den Schlüsseln zur Hölle in der anderen Hand dargestellt.

Uriel gilt als der Erzengel, der der Menschheit die Kabbalah schenkte und der Esra die himmlischen Mysterien der Arkana (Geheimwissen, das die Alchemisten im Mittelalter beschäftigte) preisgab. Er wurde daher oft mit einem Buch oder einer Papyrusrolle dargestellt. Kabbalistische Schriften ordnen Uriel der mittleren Säule des Lebensbaums zu, speziell der Sephirah Malkuth, dem Königtum.

Uriel war jener Engel, den Gott zu Noah sandte, um ihn vor der Sintflut zu warnen (es war jedoch

LINKS: *Engel mit Ölzweig* von Hans Memling (um 1433–1494). Der Ölzweig ist ein Symbol des Friedens, das auf jenen Ölzweig verweist, den die Taube nach der Flut zu Noah brachte.

Raphael, der Noah zeigte, wie er die Arche bauen sollte), und der Abraham aus der Stadt Ur führte. So war es auch Uriel, der mit Jakob im Buch der Genesis kämpfte. Laut jüdischen Überlieferungen heißt es, er sei der Engel, der Adams Buße beiwohnte und den Gottesdienst bei seinem Begräbnis hielt.

Im zweiten Buch der Sibyllinischen Orakel (Oracula Sibyllina), die eine etwas verwirrende Mischung frühchristlicher, jüdischer und heidnischer Prophezeiungen sind, wird Uriel als einer „der unsterblichen Engel des unsterblichen Gottes" bezeichnet, der beim Jüngsten Gericht „die monströsen Gitter aus den unnachgiebigen und unversehrt felsenfesten Rahmen der ehernen Pforten des Hades brechen und diese geradeaus niederwerfen und alle traurigen Gestalten vor Gericht bringen wird".

Auch in der Offenbarungsliteratur finden sich Spuren von Uriels Präsenz. Beispielsweise wird in 2 Esra (4,1–4) eine Reihe von apokalyptischen Visionen am Ende der Zeit in einem Dialog zwischen dem Propheten Esra und dem Erzengel Uriel dargestellt. Diese Visionen ähneln stark jenen der Offenbarung im Neuen Testament und einem weiteren christlichen Text aus dem zweiten Jahrhundert, *Der Hirte des Hermas*. Letzerer, dessen Autor unbekannt ist, gilt von der Kirche allerdings nicht als kanonisiert:

> „Dann antwortete der Engel, der zu mir gesandt war, dessen Name Uriel war, und sagte zu mir: ‚Dein Verständnis dieser Welt hat ausgesprochen versagt, und denkst du, du könntest den Weg des Allerhöchsten verstehen?' Da sprach ich: ‚Ja, Herr.' Und er antwortete mir: ‚Ich wurde zur dir gesandt, um dir drei Wege zu zeigen und dich vor drei Probleme zu stellen. Wenn du diese für mich lösen kannst, dann will ich dir den Weg, den du begehrst, zeigen und dich lehren, warum das Herz böse ist'."

Als Erzengel von Frieden, Erlösung und Fürsorge führt uns Uriel letztlich zu göttlicher Liebe und dem Dienst an Gott. In der Theosophie heißt es, Uriel sei mit dem sechsten Strahl der Hingabe und des Idealismus (siehe S. 70–71) verbunden. Sie können mit Uriel arbeiten, um Mitgefühl, Selbstlosigkeit und inneren Frieden zu erlangen. Uriel kann Ihnen auch helfen, mit Konflikt und Ärger umzugehen, und als traditionellen Engel des Planeten Erde können Sie Uriel auch zum Wohl von Tieren und Natur anrufen.

MIT FRIEDENSENGELN IN KONTAKT TRETEN

Die folgende Meditation ist dazu angelegt, geistige Ruhe zu erlangen und familiäre Konflike zu mildern. Der Erzengel Uriel wird in uns und durch uns wirken, so wir es zulassen, als Kanal für Gottes Frieden zu dienen.

Der schnelle Puls des modernen Lebens kann es mit sich bringen, dass wir selten wahren Frieden erfahren. Emotionaler Stress, der durch Konflikte in Beziehungen ausgelöst wird, bringt uns ebenso aus dem Gleichgewicht. Doch die göttlichen Kräfte des Friedens und Vergebens stehen uns immer offen.

Diese Meditation dient dazu, bewusst störende Gefühle oder Ressentiments gegen sich selbst oder andere aufzulösen. Diese haben keinen Platz in der Rolle des Friedensstifters und würden eine Barriere darstellen, wenn Sie als Kanal für den göttlichen Frieden fungieren wollen. Sind diese widerstreitenden Gefühle einmal aufgelöst, dann sind Sie bereit, aktiv ein Mittler des Friedens zu werden – sei es in Ihrer Familie oder zwischen Arbeitskollegen. Sie können das wundervolle Gebet von Franz von Assisi ungeachtet Ihres Glaubens anwenden. Lesen Sie es, wenn möglich, immer wenn Sie sich unsicher fühlen.

O Herr,
mach mich zum Werkzeug deines Friedens,
dass ich Liebe übe, wo man sich hasst,
dass ich verzeihe, wo man sich beleidigt,
dass ich verbinde, da, wo Streit ist,
dass ich Wahrheit sage, wo Irrtum herrscht,
dass ich Glauben bringe, wo Zweifel drückt,
dass ich Hoffnung wecke, wo Verzweiflung quält,
dass ich ein Licht anzünde, wo Finsternis regiert,
dass ich Freude mache, wo Kummer wohnt.
O Herr, lass mich trachten:
nicht, dass ich getröstet werde, sondern dass ich tröste;
nicht, dass ich verstanden werde, sondern dass ich verstehe;
nicht, dass ich geliebt werde, sondern dass ich liebe.
Denn wer da hingibt, der empfängt;
wer sich selbst vergisst, der findet;
wer verzeiht, dem wird verziehen;
und wer stirbt, erwacht zum ewigen Leben.

1 Lassen Sie sich auf Ihrem ruhigen Platz nieder und erlauben Sie sich, einfach zu „sein“. Überkreuzen Sie kurz die Hände über Ihrem Herzen und legen Sie dann Ihre Hände entspannt mit den Handflächen nach oben in den Schoß.

2 Konzentrieren Sie sich auf Ihre Atmung. Atmen Sie tief ein und entspannen Sie beim Ausatmen Ihren Nacken, die Schultern und jeden Muskel Ihres Körpers. Stellen Sie sich bildlich vor, wie Ihre Belange weggeblasen werden und sich in einem hellen, liebevollen Licht auflösen.

3 Atmen Sie langsam und gleichmäßig weiter, bis Sie sich entspannt und ruhig fühlen. Sagen Sie nun zu sich selbst: „Friede, sei ruhig. Friede, sei ruhig.“ Wiederholen Sie dies so oft, bis Sie wirklich das Wort „Friede“ durch Ihren Körper und Geist schwingen *fühlen*.

4 Konzentrieren Sie sich auf jene Körperbereiche, die sich weiter unbehaglich fühlen, oder auf jene Konfliktbereiche in Ihrem Leben, die Ihnen einfallen. Das sind die Angelegenheiten, in denen Sie Uriel bescheiden um Hilfe bitten.

5 Sobald Sie bereit sind, rufen Sie den Erzengel Uriel beim Namen, entweder nur im Geiste oder sprechen Sie den Namen laut aus – je nachdem wie Sie sich wohler fühlen. Sprechen Sie die folgenden Zeilen nun drei Mal:

> Uriel, und die Engel des Friedens
> Ich bin bereit, das Geschenk des Friedens in meinem Herzen zu empfangen,
> Friede in meiner Seele, Friede in meinem Geiste und Friede in meinem Gedanken.
> Mach mich zum Werkzeug für Gottes Frieden!

6 Bleiben Sie noch eine Weile ruhig in dem entstandenen Gefühl von Frieden, Ruhe und Gelassenheit sitzen. Tragen Sie diese Gefühle mit sich und erinnern Sie sich daran, wann immer Sie sich aufregen oder aufgewühlt sind.

CHAMUEL

Chamuel ist vor allem der Erzengel der reinen, bedingungslosen Liebe. Im Engelreich wacht er über göttliche Liebe und göttliche Gerechtigkeit.

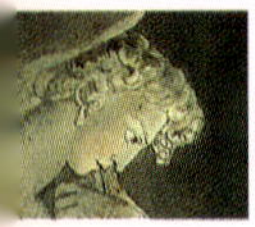

Einer der sieben großen Erzengel, Chamuel, ist der Befehlshaber über den Orden der Gewalten. In der kabbalistischen Tradtion ist er einer Sephirah im Lebensbaum zugeordnet. Wie Gabriel gilt Chamuel als einer der Engel, der am Ölberg zu Gethsemane war, wohin sich Jesus zurückzog, um vor der Nacht seiner Verhaftung und der folgenden Kreuzigung zu meditieren. Ebenso soll er einer der Engel, die Jesus bei seiner Auferstehung begleiteten, gewesen sein.

Chamuel lehrt uns eine größere Fähigkeit zu lieben und den Wert, mit den bestmöglichen Absichten zum Wohl der gesamten Menschen zu wirken und nicht nur für uns selbst.

RECHTS: ***Die Auferstehung: die Engel rollen den Fels vor der Grabkammer weg*** **von William Blake. Einer dieser Engel soll Chamuel gewesen sein.**

ERZENGEL CHAMUEL

ERZENGEL DER LIEBE

WOCHENTAG: Dienstag

ASSOZIIERTE FARBE: Rosa

- Chamuels Name bedeutet „Der Gott sieht".
- Der Erzengel Chamuel hat große grüne Flügel und wird allgemein in Rüstung mit roter Tunika dargestellt.
- In praktischer Hinsicht besitzt und repräsentiert Chamuel die Qualitäten von Christus – Liebe, Toleranz und Dankbarkeit. Er hilft, geringe Selbstachtung zu überwinden und ein gebrochenes Herz zu heilen.
- Chamuel unterstützt uns, Liebe, Mitgefühl, Schöpfungskraft und Schönheit in den Menschen um uns und in der uns umgebenden Umwelt zu entdecken.

DIE LIEBE DER ENGEL VISUALISIEREN

Chamuel kann uns dabei helfen, wahre Liebe in uns zu nähren, uns selbst gegenüber und später, auf dieser festen Basis, auch anderen gegenüber.

Es ist kein Zufall, dass Rosa die Farbe der Liebe und Chamuel zugeordnet ist. Alle Rosatöne stehen für Liebe, ob menschlich oder göttlich. Wahre Liebe ist stark und unterstützend, sie beruht vor allem auf Selbstliebe. Es ist die Liebe zu einem Menschen, dem man erlaubt, frei zu sein, ohne den Drang, ihn beherrschen zu müssen. Sie ist nährend, ohne zu erdrücken, sie bedeutet, unserer Seele treu zu sein.

Chamuel lehrt uns sowohl gegen uns als auch gegen andere mitfühlend und tolerant zu sein. Er kann uns helfen, Gefühle eines geringen Selbstbewusstseins aufzulösen und uns selbst zu akzeptieren und so zu lieben, wie wir sind. Dann können wir beginnen, diese Liebe auf andere zu projizieren. Chamuel hilft Ihnen auch, in Ihren Beziehungen wahre Liebe zu finden, die automatisch in Ihr Leben Eingang findet, sobald Sie anfangen, sich selbst und Ihren Mitmenschen in Ihrem alltäglichen Handeln mit Toleranz und bedingungsloser Liebe zu begegnen.

LINKS: Der Engel der Liebe aus dem *Roman de la Rose* (um 1487–1495).

Wenn Ihr Selbstwertgefühl gerade gering ist oder Sie dazu neigen, zu hart zu sich selbst und anderen zu sein, mag folgende Meditiation gegen diese negativen Gedanken nützen. Stellen Sie sicher, diese mit ehrlicher und liebevoller Absicht zu praktizieren und Ihr Herz so weit als möglich zu öffnen. Dies mag einiger Praxis bedürfen, wenn Sie negative Energie in sich tragen, die sich als Schmerz in gewissen Körperbereichen manifestiert, oder wenn Sie mit manchen Aspekten Ihrer körperlichen Erscheinung unglücklich sind. Rosenquarz stärkt die liebende Energie von Chamuel. Wenn Sie Lust haben, können Sie dazu auch eine Kerze anzünden.

1 Setzen Sie sich bequem an einen ruhigen Ort. Reisen Sie langsam im Geist durch Ihren Körper und entspannen Sie beim Atmen jede Muskelpartie.

2 Bitten Sie den Erzengel Chamuel und die Engel der Liebe, sich Ihnen zu nähern.

3 Stellen Sie sich vor, von einem Hauch wirbelnden rosa Lichts umgeben zu sein. Ersuchen Sie das Licht, in Ihren Körper zu strömen. Visualisieren Sie, wie es die Lungen und den Brustkorb füllt und sich dann im ganzen Körper ausbreitet.

4 Konzentrieren Sie sich auf die Bereiche, die das Licht nicht so einfach ausfüllen will, und bitten Sie Chamuel, diese mit seinem liebevollen Licht zu durchdringen. Fahren Sie so lange damit fort, bis jede Zelle Ihres Körpers so sehr von diesem Licht erfüllt ist, dass es aus Ihrer Haut zu dringen beginnt.

5 Bitten Sie Chamuel, Ihnen dabei zu helfen, das Gefühl der Selbstverurteilung oder Verbitterung gegenüber sich selbst und anderen aufzulösen. Bitten Sie ihn, Gefühle des Mitgefühls, des Vergebens, der Toleranz und Dankbarkeit gegenüber sich selbst und jedem, dem Sie begegnen, aufzubauen.

6 Bitten Sie Chamuel um die Eigenschaft, liebevolle und erfüllende Freundschafts- und Liebesbeziehungen anzuziehen und in Ihr Leben zu bringen.

7 Stellen Sie sich nun vor, Ihr Herz sei eine schöne rosa Rose. Füllen Sie Ihr Herz mit rosa Licht und reiner Liebesenergie. Falls die Rose, die Sie visualisieren, eine geschlossene Knospe ist, erlauben Sie Chamuel, diese zu ermutigen, sich und all ihre Blütenblätter weit zu öffnen. Stellen Sie sich vor, Ihren Duft zu riechen. Fühlen sie die vollkommene Zartheit jedes Blütenblatts.

8 Dieses reinigende Licht der Liebe ist immer in Ihrem Herzen. Tragen Sie es mit sich und nützen Sie es den Rest des Tages als Unterstützung.

JOPHIEL

Wissen und Weisheit – sowie Kreativität, Einsicht und geistige Erleuchtung – sind Jophiels Energiequellen.

Als Teil der Cherubim gilt Jophiel als Engel, der Adam und Eva aus dem Garten Eden vertrieb, nachdem sie Gottes Gehorsam gebrochen und von der verbotenen Frucht gegessen hatten. Dies würde ihn zum erstgenannten Engel der Bibel machen (obwohl er nicht namentlich erwähnt wird). Dem jüdischen Glauben zufolge gilt Jophiel auch als Gefährte des Erzengels Metatron (siehe S. 154).

Sie können sich auf Jophiel, den Engel der Erleuchtung, stützen, wenn Sie Eingebungen und Inspiration suchen. Jophiels Energie ist besonders Lehrern und Studenten sowie allen, die in einem kreativen Bereich arbeiten, zuträglich.

RECHTS: Die Geschichte von Adam und Eva (Detail) aus dem Buch *Über das Schicksal berühmter Männer und Frauen* des bekannten italienischen Schriftstellers Giovanni Boccaccio (1313–1375).

ERZENGEL JOPHIEL

ERZENGEL DER ERLEUCHTUNG

WOCHENTAG: Montag

ASSOZIIERTE FARBE: Sonnengelb

- Jophiels Name bedeutet „Gottes Schönheit".
- Teils Iofiel, Zophiel oder Jofiel genannt, ist Jophiel der Engel der Kunst und Schönheit und Patron der Künstler.
- Der Theosophie zufolge arbeitet Jophiel mit dem aufgestiegenen Meister Chohan Lanto am zweiten Strahl von Liebe und Weisheit (siehe S. 70–71).
- Praktisch gesprochen kann die Arbeit mit dem Erzengel Jophiel Weisheit, Erleuchtung, Erkenntnis, Klarheit, Inspiration, Wissen, Intelligenz und Einsicht fördern. Jophiel kann Sie unterstützen, Ignoranz, Stolz, geistige Verwirrung und Engstirnigkeit zu überwinden.

KLARHEIT UND EINSICHT SUCHEN

Jeder von uns kann davon profitieren, den Geist von Wirrwar zu befreien und sich neuen Quellen der Erkenntnis zu öffnen. Der Erzengel Jophiel kann uns lehren, klares Denken, tieferes Verständnis und weise Voraussicht zu entwickeln.

Wenn wir Wahrhaftigkeit, Verständnis und schöpferische Intuition entwickeln wollen, ist Jophiel der richtige Erzengel, um mit ihm zu arbeiten. Jophiels Weisheit und Erleuchtung zu erbitten, kann Ihnen helfen, den richtigen und wahren Weg zu finden.

Vielleicht lernen Sie für eine Prüfung oder brauchen Anleitung und Klarheit, um für eine Sache einzustehen, an die Sie glauben. Vielleicht müssen Sie einen wichtigen Brief schreiben und sind unsicher, oder vielleicht möchten Sie wichtige Prinzipien oder Überzeugungen an andere ehrlich und taktvoll weitergeben.

Folgende Übung ist besonders gewinnbringend, wenn Sie sich verwirrt oder unwissend fühlen. Sie kann die negativen Gedanken, die klares Denken vernebeln, zerstreuen und Ihnen dabei helfen, Wissen aufzunehmen.

Bei Schritt 6 dieser Übung können Sie den Fokus Ihrer Bitte auf eine bestimmte Angelegenheit, bei der Sie gerne Unterstützung finden würden, lenken. Dazu visualisieren Sie den Text, das Buch, die Prüfung oder die Situation in einer physischen Form und stellen sich dabei vor, wie Sie diese mit Ihren Händen vor Jophiel hinhalten. Falls diese Belange eine Idee oder ein Prinzip betreffen, dann visualisieren Sie diese in Form von Schlagworten oder Begriffen wie auf Vokabelkarten.

Bei Schritt 8 stellen Sie sich gelbes Licht vor, das sich zu einem dünnen Faden verdichtet. Lassen Sie diesen Faden nicht vollständig verschwinden. Behalten Sie ihn als konstante Verbindung zwischen Ihnen und der göttlichen Quelle der Einsicht aufrecht. Sie können den Nutzen dieser Übung in Ihr Leben einbringen, wenn Sie Ihre täglichen Aktivitäten fortsetzen.

1 Zünden Sie eine Kerze an und setzen Sie sich bequem mit geradem Rücken hin. Atmen Sie tief durch und entspannen Sie sich mit jedem Ausatmen etwas mehr.

2 Stellen Sie sich um sich strahlend gelbes Licht vor. Atmen Sie das Licht ein und beobachten Sie, wie es mit jedem Atemzug Ihren Körper füllt. Ziehen Sie das Licht beim Atmen durch Ihren Körper in Arme, Hände, Beine und Füße, so dass es Ihr Wesen komplett ausfüllt.

3 Visualisieren Sie, wie das Licht durch Ihre Poren und aus Ihrem Scheitel sickert und an Ihnen als tanzender, strahlend gelber Nebel herabfällt.

4 Stellen Sie sich nun einen leuchtenden Lichtstrahl vor, der von Ihrer Kopfkrone aufwärts durch das Dach in den Himmel ragt und wie ein Laserstrahl durch Wolken und Sterne reist, um sich schließlich mit der Quelle allen Lichts und Verstehens verbindet.

5 Bitten Sie die Quelle liebevoll, mit dem Erzengel Jophiel und den Engeln der Erleuchtung in Verbindung zu treten, so dass Sie mit Verständnis, Kreativität sowie gedanklicher Klarheit und Kommunikationsgabe gesegnet werden mögen.

6 So Sie in einer bestimmten Sache Hilfe suchen, visualisieren Sie diese in ihrer physischen Form und halten Sie sie Jophiel mit den Händen entgegen.

7 Verweilen Sie so lange Sie wollen in dem gelben Licht. Wenn Sie fertig sind, danken Sie Jophiel aus ganzem Herzen.

8 Visualiseren Sie, wie das Licht langsam verblasst und der Strahl zwischen Ihrem Kopf und der Quelle sich zu einem dünnen Lichtfaden verjüngt, der Sie weiter verbindet. Atmen Sie tief ein und aus und lenken Sie die Aufmerksamkeit wieder auf Ihren Körper, Ihre Hände und Füße und das Gesicht. Öffnen Sie die Augen und werden Sie sich wieder Ihrer Umgebung bewusst.

ZADKIEL

Die violette Flamme von Zadkiel repräsentiert die transformative Kraft der Freude. Sie hilft, Negativität aufzulösen und positive Gefühle zu wecken.

In rabbinischen Schriften ist Zadkiel der Erzengel der Güte, des Erbarmens und der Erinnerung. Er ist auch im Sohar genannt, dem heiligen Buch der Kabbalah, wo er (mit Jophiel) einer der Anführer ist, die dem Erzengel Michael zur Seite stehen, seine Flagge tragen und ihm direkt in den Kampf folgen.

Zadkiel arbeitet mit der violetten Flamme, die negative in positive Energie umwandeln kann – so Sie einer Beziehung pessimistisch gegenüberstehen oder beruflich von etwas enttäuscht sind. Sollten Ihnen die Umstände nicht erlauben, diese Übung vollständig durchzuführen – wenn Sie beispielsweise in einem lauten Einkaufszentrum stehen –, können Sie trotzdem Zadkiel um Hilfe anrufen. Bleiben Sie für einen Moment stehen und visualisieren Sie, wie die violette Flamme Sie einhüllt. Atmen Sie tief durch und schicken Sie alle negativen Gedanken und Frustrationen in die reinigende Flamme und danken Sie danach Zadkiel für seine Hilfe.

ERZENGEL ZADKIEL

Erzengel der Freude

Wochentag: Samstag

Assoziierte Farbe: Violett

- Zadkiels Name bedeutet „Rechtschaffenheit von Gott“.
- Einer der sieben Engel im Angesicht Gottes; Zadkiel regiert den Planeten Jupiter.
- Manchen Quellen zufolge bewahrte Zadkiel Abraham davor, seinen Sohn Isaak Gott zu opfern und zu töten. Daher wird er oft mit Dolch in der Hand abgebildet.
- In praktischer Hinsicht fördert Zadkiel Veredelung, Toleranz, Transmutation (die Umwandlung von negativer in positive Energie), Versöhnlichkeit und Diplomatie. Er hilft gegen Knechtschaft, Intoleranz, Dogmatik und ein verbittertes, verhärtetes Herz.

DIE VIOLETTE FLAMME VISUALISIEREN

1 Setzen Sie sich bequem mit aufrechter Wirbelsäule auf einen Stuhl, Ihre Füße stehen fest auf dem Boden. Atmen Sie tief und langsam.

2 Visualisieren Sie, wie Sie in einen Kreis violetten Feuers treten und Flammen um Sie wachsen.

3 Fühlen Sie die violette Flamme auf Ihren Sohlen. Visualisieren Sie die Hitze, die durch Ihren Körper steigt und diesen erfüllt. Ziehen Sie die violette Flamme beim Atmen in sich hinein. Lassen Sie Ihre negativen Gefühle los und betrachten Sie, wie sie sich im warmen Licht auflösen. Die Flammen reinigen Sie davon, wenn sie in Ihre Brust steigen und Sie sie sachte ausatmen.

4 Dann lassen Sie die Flamme Ihr Herz reinigen. Beginnen Sie, eine schmerzliche Erinnerung oder Gefühle des Selbstzweifels loszulassen, und stellen Sie sich vor, wie die Flamme alte Narben auf Ihrem Herzen hinwegschmelzen lässt.

5 Dann stellen Sie sich vor, wie die Flamme in Ihren Hals steigt und Ihre Kehle von verletzenden und negativen Worten reinigt. Bitten Sie, dass all das, was Sie in Zukunft sagen, der Wahrheit entsprechen und positiv sein möge.

6 Stellen Sie sich vor, wie die Flamme nun in Ihren Kopf steigt. Lassen Sie die Flamme Ihre Denkvorgänge reinigen und all das erkennen, was gut und wahrhaftig ist.

7 Vertiefen Sie sich nun in die Freude der Engel. Erlauben Sie der Flamme, sich aus Ihrem Körper durch die Fußsohlen zurückzuziehen.

8 Bleiben Sie sitzen und würdigen Sie den positiven Zustand Ihres Herzens und Ihres Geistes. Danken Sie Zadkiel und bitten Sie ihn um weitere Unterstützung dabei, jegliche negativen Gefühle, die im Verlauf des Tages in Ihnen aufkommen könnten, aufzulösen.

METATRON

Metatron unterscheidet sich in mancher Weise von den anderen Erzengeln. Er gilt als der mächtigeste von ihnen, der Gott am Nächsten ist.

Das meiste, was wir heute über den Erzengel Metatron glauben, entspringt der jüdischen Mystik. Man weiß nicht genau, warum sich der Name „Metatron" so sehr von den Namen der anderen Erzengel unterscheidet. Ihm fehlt zum Beispiel das Suffix *-el* (von Gott). Eine Interpretation besagt, dass es vom Lateinischen *Metator*, das einen „Führer" oder ein „Maß" bezeichnet, stammt.

Allerdings ist Metatron in einigen Strömungen der jüdischen Mystik als „kleiner JHWH" bekannt. Das hebräische Wort „JHWH" symbolisiert den heiligen und unaussprechbaren Namen Gottes. Dies ist mit dem Glauben verwoben, dass Metatron den Thron, der Gottes Thron am nächsten steht, einnimmt und mit Gott im siebten Himmel wohnt. Er wurde auch König der Engel, Fürst des Göttlichen Angesichts und Engel des Bundes genannt. Tatsächlich gilt Metatron als so mächtig, dass er insgesamt 72 Namen besitzt.

In vielen nicht kanonischen Schriften gilt Metatron als Höchster und Mächtigster der himmlischen Hierarchie. Er ist einer der wenigen Auserwählten, die direkt in Gottes Antlitz blicken durften, dies blieb sogar einigen der anderen Erzengel verwehrt. Doch in welcher Hinsicht unterscheidet sich Metatron sonst noch von den anderen Erzengeln?

Ein wichtiger Unterschied ist der, dass er einst Mensch war, eine Eigenschaft, die er nur mit einem anderen Engel teilt, nämlich Sandalphon, der einst der Prophet Elias war. Gemäß der Genesis (5,24) ging Henoch mit Gott „und weil er mit Gott wandelte, nahm Gott ihn hinweg, und er ward nicht mehr gesehen". Aus diesem kleinen Vers entwickelte sich eine sorgfältig ausgearbeitete Geschichte: jene vom Patriarchen Henoch, einem demütigen, frommen Sterblichen, der der Tradition zufolge Gott so sehr wegen seiner Verdienste als Schriftgelehrter, seiner Ehrlichkeit und Güte gefiel, dass er in den

Himmel emporgehoben und in den Erzengel Metatron verwandelt wurde. Gleich bei seiner Ankunft erhielt Henoch 36 Paar Flügel und unzählige Augen.

Die traditionelle Geschichte von Henoch als Metatron ist in der Merkabah-Mystik sehr wichtig, in der 3 Henoch einen Schlüsseltext darstellt. Rabbinischen Schriften zufolge wurde Henoch der Rang des ersten der Engel und Mynph, was wörtlich „Fürst des Göttlichen Angesichts" oder „Gegenwart Gottes" heißt, verliehen. Die Merkabah betont seine Rolle als Wissender der Geheimnisse, der dazu fähig ist, Mysterien zwischen den Menschen und den Engeln und umgekehrt sowohl zu erhalten als auch zu vermitteln. Der Talmud positioniert Metatron als die direkte Verbindung zwischen Gott und der Menschheit. Weiter enthüllt Metatron in 3 Henoch 38 dem Rabbi Ismael, dass er Mose die Zehn Gebote enthüllt hätte. Nach kabbalistischen Überlieferungen ist es auch Metatron, der die Kinder Israels durch die Wüste führt.

RECHTS: *Der aufzeichnende Engel* (Metatron), eine von William Blakes Illustrationen für die *Göttliche Komödie* von Dante (1265–1321).

In denselben Schriften erfahren wir, dass Henoch auf seine Rolle als Metatron vorbereitet wird, zuerst vom Engel Vereveil (vermutlich Uriel), der ihn die Wege des Herrn lehrt. Weitere Lehren folgen: über die Erde, das Meer, die Elemente und den Lauf der Dinge; Hebräisch und alle anderen Sprachen; und alles, was nötig ist und gelernt werden sollte. Außerdem erfahren wir, dass Gott Henoch in die Geheimnisse einweiht, die er nicht einmal den Engeln erklärt hatte. Nach dieser Instruktion erhält Henoch die Rolle „alles aufzuschreiben, was auf Erden und im Himmel passiert, und Zeuge des Gerichts, des großen Zeitalters zu sein" (2 Henoch 36,3).

Interessanterweise wird in späteren Schriften Henoch der Titel Metatron Na'ar zugeschrieben, wobei letzteres „Junge" bedeutet. Eine mögliche Erklärung dafür ist, dass Metatron im Vergleich zu den anderen Erzengeln, die seit Anbeginn der Schöpfung existieren, tatsächlich jung ist.

Metatron schreibt alle Ereignisse nieder, die im himmlischen und irdischen Reich passieren, und wacht über die Engel, die die Akasha-Chronik verwalten. Als Engel, der der ersten Sephirah der Kabbalah zugeordnet ist, repräsentiert Metatron Keter oder die Krone (siehe S. 101).

Sandalphon

Metatrons spiritueller Zwillingsbruder Sandalphon ist der einzige weitere Engel, der einst Mensch – der Prophet Elias – war. Nachdem er in einem Wagen in den Himmel emporgehoben worden war, heißt es, sei Elias dort als Erzengel verblieben, um in Gottes Dienst zu stehen.

Laut jüdischer Überlieferung ist Sandalphon einer der größten Erzengel, der sogar Mose durch seine Größe Furcht einflößte, als jener in den dritten Himmel fuhr, um die Torah zu empfangen. Es heißt, Sandalphon hätte die Funktion, den Ungeborenen das Geschlecht zuzuteilen, und stehe an der Kreuzung zum Paradies, um den Guten nach dem Tod den Weg in den Himmel zu weisen. Sandalphon unterstützt Michael im endlosen Kampf gegen Samma'el, Satans obersten Engel der Finsternis.

Heute wird Sandalphon oft als starke, liebevolle weibliche Energie dargestellt, die primär als helfender Begleiter durch spirituelle Krisen fungiert.

RECHTS: *Abraham und die drei Engel*, eine mazedonische Ikone um 1700. Die Engel prophezeien die Geburt Isaaks. Einige Quellen besagen, Metatron hätte Abraham davon abgehalten, seinen Sohn zu opfern.

BIBLIOGRAPHIE

Aquin, Thomas von, *Summa Theologica,* Band 4: Schöpfung und Engelswelt, (Hg. Christmann, Heinrich M.) Salzburg: Pustet (1936)

Cohn, Norman, *Die Erwartung der Endzeit*, Frankfurt am Main: Insel-Verlag (1997)

Connelly, Douglas, *Engel sind anders*, Hamburg: C. M. Fliß (1999)

Daniel, Alma / Wyllie, Timothy und Ramer, Andrew, *Frag deine Engel*, Frankfurt am Main: Zweitausendeins (1998)

Godwin, Malcolm, *Engel: eine bedrohte Art*, Frankfurt am Main: Zweitausendeins (1992)

Graham, Billy, *Engel – Gottes Geheimagenten*, Holzgerlingen: Hänssler (2003)

Hodson, Geoffrey, *Die Engel und die Entwicklung des Lebens*, Grafing: Aquamarin (2004)

Katzler, Sangati von / Rosenfeld, Claire Ellen, *Meditatio*, München: Nymphenburger (2003)

Lampert, Vanessa, *Die Botschaft der Engel*, München: Nymphenburger (2002)

Moolenburgh, H.C., *Engel*, Freiburg im Breisgau: Bauer (1988)

— *Engel als Beschützer und Helfer des Menschen*, Freiburg im Breisgau: Bauer (1993)

Porter, J.R., *Die verworfenen Schriften*, Stuttgart: Katholisches Bibelwerk (2004)

Price, John Randolph, *Engel-Kräfte*, München: Goldmann (1999)

Prophet, Elizabeth Clare, *Mit Engeln arbeiten*, Güllesheim: Silberschnur (2004)

Serres, Michel, *Die Legende der Engel*, Frankfurt am Main: Insel-Verlag (1995)

Szekely, Edmond Bordeaux, *Das Evangelium der Essener*, Werbeln: Verlag Ost-West-Bund (1988)

Wauters, Ambika, *Das Engel-Orakel*, Rheda-Wiedenbrück: Club Bertelsmann (1997)

— *Engel*, Wien: Tosa (2005)

REGISTER

DANKSAGUNG

Der Herausgeber dankt folgenden Personen, Museen und Fotoarchiven für die Erlaubnis zur Reproduktion ihres Materials. Copyright-Inhaber wurden mit größter Sorgfalt recherchiert. Sollten wir dennoch jemanden übersehen haben, ersuchen wir hiermit um Entschuldigung, sobald wir davon Kenntnis erlangen, werden wir dies bei künftigen Auflagen berücksichtigen.

Alle Bilde wurden zur Verfügung gestellt von The Bridgeman Art Library, London
o = oben, u = unten
Agnew & Sons, London 53; All Saints Church, Selsley, Gloucestershire 55; American Illustrators Gallery, New York 68; Ashmolean Museum, University of Oxford 83; Bibliothèque Nationale, Paris 74, 75o+u, 122; Birmingham Museum and Art Gallery 16-17, 154, 155; Bradford Art Galleries and Museums 8; British Library, London 34, 35, 146; Christie's Images, London 46-47, 116o+u; Christopher Wood Gallery, London 67; Dulwich Picture Gallery, London 104, 105; Fitzwilliam Museum, University of Cambridge 58, 59, 106, 107; Galleria Nazionale dell'Umbria, Perugia 128; Uffizi, Florenz 14u, 23, 112, 113; Galleria Sabauda, Turin 134; Kunsthalle, Hamburg 64, 65; Hotel Dieu, Beaune 38, 39; Institute of Oriental Studies, St. Petersburg 40, 41; Koninklijk Museum voor Schone Kunsten, Antwerpen 126, 127; Lambeth Palace Library, London 110-111; Louvre, Paris 2, 3o, 26, 27, 28, 29, 56, 57, 140; Musée Condé, Chantilly 102, 103, 148, 149; Musée des Beaux-Arts Thomas Henry, Cherbourg 88; Musée des Beaux-Arts, Blois 94, 95; Musée des Beaux-Arts, Lyons 3u, 20, 21, 22, 37, 90, 130; Museo Arcivescovile, Ravenna 6, 7; Museo Civico, Padua 80, 86, 87; Museo di San Marco dell'Angelico, Florenz 84; Museo Diocesano de Lérida, Catalonia 14o, 15; Museo Figline, Valdagno 93; National Gallery, London 78, 79; Oriental Museum, Durham University 30o, 31; Palazzo Medici-Riccardi, Florenz 48, 49, 114, 115; Prado, Madrid 44, 45, 117-118; Private Collections 1, 30u, 36, 70, 73, 77, 97, 109, 120, 121, 138, 139; Richardson and Kailas Icons, London 157; Santuario Santa Casa, Loreto 50, 51; Santuario Santa Maria delle Grazie, Saronno 18-19; Santa Maria della Vittoria, Rom 60, 61; Scrovegni (Arena) Chapel, Padua 24, 25; Seattle Art Museum 32o+u, 33; Sudley House, Liverpool 12, 13; The Barnes Foundation, Merion, Pennsylvania 132, 133; Collégiale Notre-Dame, Huy 99; Victoria & Albert Museum, London 5, 10, 42, 63, 144, 145

Die Bibelzitate stammen aus : Die Bibel oder die ganze Heilige Schrift des Alten und Neuen Testaments. Nach der deutschen Übersetzung von Martin Luther. Stuttgart: Privileg. Württemb. Bibelanstalt 1910.

Andere nicht biblische Schriften stammen aus *Pseudepigrapha* von J. H. Charlesworth (Hg), London: Darton, Longman and Todd, 1983 und *New Testament Apocrypha* von W. Schneelmelcher (Hg.), 2 Bände, Cambridge: James Clarke and Co 1991–1992. Sie wurden von der Übersetzerin aus dem Englischen übertragen.

Der Auszug auf Seite 96 aus den *Schriftrollen vom Toten Meer* in Deutsch wurde von der Übersetzerin aus dem Englischen übertragen und stammt aus Anne MacEwen, *Stepping Stones to a New Understanding,* Englang Publishing, 1991.